明文堂編輯部 校閱

# 詳密註釋 通鑑諺解

【卷之四】

明文堂

# 詳密註釋 通鑑諺解【卷之四】目次

# 詳密註釋通鑑諺解卷之四

## 漢紀

### 世宗孝武皇帝中

(甲寅)二年이라主父偃이說上曰古者에諸侯ㅣ不過百里라強弱之形을易制러니今諸侯ㅣ或連城數十ᄒᆞ야地方千里라緩則驕奢ᄒᆞ야易爲淫亂이오急則阻其彊而合從ᄒᆞ야以逆京師ᄒᆞ고以法割削之則逆節이萌起ᄒᆞ니前日鼂錯ㅣ是也ㅣ니이다今諸侯子弟ㅣ或十數而適嗣代立ᄒᆞ고(適讀曰嫡)餘無尺地之封ᄒᆞ니則仁孝之道ㅣ不宣이라願陛下는令諸侯로得推恩分子弟ᄒᆞ야以地侯之면彼人人이喜得所願ᄒᆞ리니上以德施나實分其國이니不削而稍弱矣리이다上이從之ᄒᆞ다(出史記本傳)

(阻其彊)阻恃也

二年이라主父偃이上을說ᄒᆞ야曰古者에諸侯ㅣ百里에過치아 는지라強弱의形을

制ᄒᆞ기易ᄒᆞ더니이제諸侯ㅣ혹城數十을連ᄒᆞ야地方이千里라緩히ᄒᆞᆫ則驕ᄒᆞ고奢ᄒᆞ야淫亂ᄒᆞ기易ᄒᆞ고急히ᄒᆞᆫ則그疆을阻ᄒᆞ고合從ᄒᆞ야써京師를逆ᄒᆞ고法으로써割ᄒᆞ고削ᄒᆞᆫ則逆節이萌ᄒᆞ야起ᄒᆞ니前日鼂錯ㅣ是니이다이제諸侯子弟ㅣ或十으로數ᄒᆞᄃᆡ適嗣ㅣ代ᄒᆞ야立ᄒᆞ고餘ᄂᆞᆫ尺地의封이無ᄒᆞ니곳仁孝의道ㅣ宣치못ᄒᆞᆫ지라원컨ᄃᆡ陛下ᄂᆞᆫ諸侯로ᄒᆞ여곰시러곰恩을推ᄒᆞ야子弟를分ᄒᆞ야地로써侯ᄒᆞ시면저人人이喜ᄒᆞ야所願을得ᄒᆞ리니上은德으로써施ᄒᆞ나實은그國을分홈이니削지아니ᄒᆞ야도점점弱ᄒᆞ리이다上이從ᄒᆞ다

**春正月에詔曰諸侯王이或欲推私恩ᄒᆞ야分子弟邑이어든令各條上ᄒᆞ라朕이且臨定號名ᄒᆞ리라於是에藩國이始分而子弟畢侯矣러라** 出漢書本紀

春正月에詔ᄒᆞ야曰諸侯王이或私恩을推ᄒᆞ야子弟에게邑을分ᄒᆞ거든ᄒᆞ여곰각〻條ᄒᆞ야上ᄒᆞ라朕이ᄯᅩ臨ᄒᆞ야號名을定ᄒᆞ리라이에藩國이비로소分ᄒᆞ고子弟ㅣ다侯ᄒᆞ더라

**軹人郭解ᄂᆞᆫ關東大俠也라** 軹音只(釋義)軹河內邑郭解字翁伯解音蟹 **平生睚眦ᄒᆞ야** 睚五解反眦佳此反

殺人이甚衆이어늘上이聞之ᄒᆞ고下(釋義)王氏曰睚眦相嗔怒而見齒也又漢杜鄴傳報睚眦怨註睚音崖擧目也眦即眥字目睚也言擧目相忤者亦報之吏捕治ᄒᆞ야遂族解ᄒᆞ다

軹人郭解는關東大俠이라平生에睚眦ᄒᆞ야人을殺홈이심히衆ᄒᆞ거늘上이聞ᄒᆞ고吏에게下ᄒᆞ야捕ᄒᆞ야治ᄒᆞ야드듸여解를族ᄒᆞ다

(漢書遊俠傳序)에曰周室이旣微에桓文之後로大夫ㅣ世權ᄒᆞ고陪臣이執命ᄒᆞ야(釋義)記曲禮列國之大夫自稱曰陪臣某註陪重也陵夷至於戰國ᄒᆞ야合從連衡ᄒᆞ니由是로列國公子에魏有信陵ᄒᆞ고(釋義)魏安釐王異母弟公子無忌封信陵君按地志無信陵或是鄕邑之名趙有平原ᄒᆞ고(釋義)趙惠文王弟趙勝封平原君括地志平原故城在德州平原縣東南齊有孟嘗ᄒᆞ고(釋義)孟嘗田文也父嬰封於薛文襄父封而號曰孟嘗或云謚非也嘗邑在薛城之南楚有春申ᄒᆞ니(釋義)春申黃歇也皆藉王公之勢ᄒᆞ야競爲游俠ᄒᆞ야鷄鳴狗盜ㅣ無不賓禮(釋義 王氏曰孟嘗入秦秦昭王欲殺之孟嘗使人抵昭王幸姬求解姬願得狐白裘時止一裘已獻昭王有客乃夜爲狗入秦藏中盜裘以獻獲免即馳去夜半至函谷關關法鷄鳴而出客孟嘗恐昭王悔而追至有客作鷄鳴而鷄盡鳴得亾出關而趙相虞卿은棄國捐君ᄒᆞ야以周窮交魏齊之厄ᄒᆞ고(釋義)虞卿史失其名趙孝成王以爲上卿故號焉索隱曰趙之虞在河東今河中府虞卿縣是也魏齊虞卿之交也將爲范睢所殺卿周庇之事在綱目周赧王

(陵夷)夷平也言頹替若丘陵之漸平也

(賓禮)賓敬也

五十六年 信陵無忌ᄂᆞᆫ 竊符矯命ᄒᆞ야 戮將專師ᄒᆞ야 以赴平原之急ᄒᆞ니 (釋義) 秦兵圍趙趙相平原君告急於無忌無忌因如姬以竊兵符矯魏王之命而令朱亥殺晉鄙奪其兵救趙秦兵以卻而趙得全事在周赧王五十七年 皆以取重諸侯ᄒᆞ고 顯名天下ᄒᆞ야 搤腕而游談者ㅣ 以四豪로 爲稱首ㅣ라 搤音厄腕烏慣反(釋義)王氏曰搤與扼通腕與捥通游俠傳作搤擊封禪書搤腕自言四豪即信陵平原孟嘗春申也

漢書遊俠傳序에曰周室이임의微ᄒᆞᆷ에桓文의後로大夫ㅣ世로權ᄒᆞ고陪臣이命을執ᄒᆞ야陵夷ᄒᆞᆷ이戰國에至ᄒᆞ야從을合ᄒᆞ고衡을連ᄒᆞ니是로由ᄒᆞ야列國公子에魏에信陵이잇고趙에平原이잇고齊에孟嘗이잇고楚에春申이잇스니다王公의勢를藉ᄒᆞ야닷토어遊俠을ᄒᆞ야鷄鳴과狗盜ㅣ禮로賓치아니ᄒᆞᆷ이無ᄒᆞ고趙相虞卿은國을棄ᄒᆞ고君을捐ᄒᆞ야써窮交魏齊의厄을周ᄒᆞ고信陵無忌ᄂᆞᆫ符를竊ᄒᆞ고命을矯ᄒᆞ야將을戮ᄒᆞ고師를專ᄒᆞ야써平原의急에赴ᄒᆞ니다써重을諸侯에게取ᄒᆞ고名을天下에顯ᄒᆞ야腕을搤ᄒᆞ고遊ᄒᆞ야談ᄒᆞᄂᆞᆫ者ㅣ四豪로써首라稱ᄒᆞᄂᆞᆫ지라

於是에 背公死黨之議ㅣ 成ᄒᆞ고 守職奉上之義ㅣ 廢矣러니 及至漢興에 禁網이 疏闊ᄒᆞ야 未知匡改也라 是故로 代相陳豨ᄂᆞᆫ (釋義)王氏曰代國相也豨許

豈反 從車千乘而吳濞(釋義)高帝兄喜之子名濞封吳王 淮南이(釋義)淮南高帝孫淮南王安也淮南王厲之長子 皆招

賓客以千數오 外戚大臣에 魏其(釋義)王氏曰孝文皇后從兄子竇嬰封魏其侯 武安(釋義)孝景皇后同母弟田蚡封武安侯 之屬이 競逐於京師ᄒᆞ고 布衣游俠에 劇孟郭解之徒ㅣ(釋義)劇孟姓名洛陽人亦以俠顯 馳騖於閭閻ᄒᆞ야 權行州城ᄒᆞ고 力折公侯ᄒᆞ니 衆庶ㅣ榮其名迹ᄒᆞ야 覬而慕之ᄒᆞ야 雖陷於刑辟이나 自與殺身成名을 若季路仇牧이 死而不悔라(釋義)王氏曰衛有蒯聵之亂季路聞之故入仇牧聞之趨至手劍而叱赴難見孟黶石乞以戈擊之斷纓宋萬殺閔公之萬臂擊仇牧碎首齒 故로 曾子ㅣ曰上失其道ᄒᆞ야 民散이 久矣라ᄒᆞ시니 非明王이 在上ᄒᆞ야 示之以好惡ᄒᆞ고 齊之以禮法이면 民이 曷自知禁而反正乎리오

이에公을背ᄒᆞ고黨에死ᄒᆞᄂᆞᆫ議ㅣ成ᄒᆞ고職을守ᄒᆞ고上을奉ᄒᆞᄂᆞᆫ義ㅣ廢ᄒᆞ더니밋漢興에至ᄒᆞᆷ에禁綱이疏濶ᄒᆞ야匡改ᄒᆞᆷ을知치못ᄒᆞᆫ지라이런故로代相陳豨ᄂᆞᆫ從車ㅣ千乘이오吳濞와淮南이다賓客을千數로써招ᄒᆞ고外戚大臣에魏其와武安의屬이닷토어京師에逐ᄒᆞ고布衣遊俠에劇孟과郭解의徒ㅣ閭閻에馳騖ᄒᆞ야權이州城에行ᄒᆞ고力이公侯를折ᄒᆞ니衆庶ㅣ그名迹을榮ᄒᆞ야覬ᄒᆞ고慕ᄒᆞ야비록刑辟에陷

(馳騖)直騁曰馳也乱馳曰騖也

(覬以)覬音記希幸之也

ᄒᆞ나스ᄉᆞ로더브러身을殺ᄒᆞ고名을成홈을季路와仇牧이死ᄒᆞ여도悔치아니홈과
갓치ᄒᆞᄂᆞᆫ지라故로曾子ㅣ曰上이그道를失ᄒᆞ야民散이久ᄒᆞ다ᄒᆞ시니明王이上에
在ᄒᆞ야好惡로써示ᄒᆞ며禮法으로써齊ᄒᆞ지아니ᄒᆞ면民이웃지스ᄉᆞ로禁을知ᄒᆞ고
正에反ᄒᆞ리오

(難以)難去聲弘不得一以弘之才非不能得一不敢逆上也

(不重肉)不重肉味

(乙卯)三年이라 公孫弘으로 爲御史大夫ᄒᆞ다 是時에 方通西南夷ᄒᆞ고
東置蒼海ᄒᆞ고 北築朔方之郡ᄒᆞᄃᆡ 弘이 數諫願罷之어ᄂᆞᆯ 天子ㅣ 使朱
買臣으로 難以置朔方之便ᄒᆞ야 發十策호ᄃᆡ 弘이 不得一이라 弘이 乃謝
曰山東鄙人이 不知其便이 若是라ᄒᆞ더라

三年이라公孫弘으로御史大夫를삼다이ᄯᅢ에바야흐로西南夷를通ᄒᆞ고東으로蒼
海를置ᄒᆞ고北으로朔方의郡을築ᄒᆞᄃᆡ弘이자조諫ᄒᆞ야罷키를願ᄒᆞ거ᄂᆞᆯ天子ㅣ朱
買臣으로ᄒᆞ여곰朔方을置ᄒᆞᄂᆞᆫ便으로써難ᄒᆞ야十策을發호ᄃᆡ弘이一도得치못ᄒᆞᆫ
지라弘이이에謝ᄒᆞ야曰山東鄙人이그便이이와갓홈을知치못ᄒᆞ엿다ᄒᆞ더라

弘이 爲布被ᄒᆞ고 不重肉이러니 汲黯이 曰弘이 位在三公ᄒᆞ야 奉祿이 甚
多로ᄃᆡ 然爲布被ᄒᆞ니 此ᄂᆞᆫ 詐也ㅣ니이다 上이 問弘ᄒᆞᆫᄃᆡ 弘이 謝曰有之ᄒᆞ니이다 夫

以三公으로爲布被ᄒᆞ니 誠飾詐以釣名이어니와 且無汲黯忠이면 陛下ㅣ安得聞此言이시리잇고 天子ㅣ以爲謙讓이라ᄒᆞ야 愈益厚之ᄒᆞ더라 (出史本傳)

弘이布被를ᄒᆞ고重肉을아니ᄒᆞ더니汲黯이曰弘이位가三公에在ᄒᆞ야奉祿이심히多ᄒᆞ되그러나布被를ᄒᆞ니이ᄂᆞᆫ詐로소이다上이弘다려問ᄒᆞᆫ되弘이謝ᄒᆞ야曰有ᄒᆞ니이다무릇三公으로써布被를ᄒᆞ니진실로詐를飾ᄒᆞ야써名을釣홈이어니와또汲黯의忠이無ᄒᆞ면陛下ㅣ웃지시러곰이말을드르셧스리잇고天子ㅣ써謙讓ᄒᆞᆫ다ᄒᆞ야더욱더욱厚히ᄒᆞ더라

是歲에 張湯이 爲廷尉ᄒᆞ더니 湯의 爲人이 多詐ᄒᆞ야 舞智以御人이러니 汲黯이 數質責湯於上前ᄒᆞ야 (釋義)質職日反正也正責之 曰公이爲正卿ᄒᆞ야 上不能褒先帝之功業ᄒᆞ고 下不能抑天下之邪心ᄒᆞ고 何空取高皇帝約束ᄒᆞ야 紛更之爲오 (釋義)紛更之爲言何爲紛亂更改也 黯이 時에 與湯으로 論議ᄒᆞᆯ서 湯辯이 常在文深小苛라 黯이 伉厲守高ᄒᆞ되 不能屈ᄒᆞ야 忿發에 (釋義)伉口浪反健也厲力制反嚴也 罵曰天下ㅣ謂刀筆吏를 不可以爲公卿이라ᄒᆞ더니 果然必湯也로다 今天下ㅣ

重足而立호야 (釋義)王氏曰重足而立謂重累其足跡不亂行言畏讙之甚也 側目而視矣라호더라 出史記本傳

이해에張湯이廷尉가되다湯의人됨이詐가多호야智를舞호야써人을御호더니汲黯이자조湯을上前에서質責호여曰公이正卿이되여上으로能히先帝의功業을褒치못호고下로能히天下의邪心을抑치못호고엇지부지럽시高皇帝의約束을取호야紛호고更호나뇨黯이時에湯으로더부러議를論홀식湯의辯이常해文深小苛에在호지라黯이伉厲호야高를守호되能히屈치아니호야忿이發홈에罵호여曰天下ㅣ刀筆吏를可히써公卿을숨지못홀다謂호더니果然반다시湯이로다이졔天下ㅣ足을重히호고立호야目을側호고視혼다호더라

(丙辰)四年이라匈奴ㅣ入代郡定襄上郡호야各三萬騎로殺略數千人호다

四年이라凶奴ㅣ代郡定襄上郡에入호야各三萬騎로數千人을殺略호다

(丁巳)五年이라公孫弘으로爲丞相호야封平津侯호니 (釋義)平津鄕名在南郡南成縣正義曰弘所封平津在滄州鹽山縣南 丞相封侯ㅣ自弘으로始호러라時에上이方興功業이라弘이於是에開東閤호야以延賢人호야與參謀議호다 (釋義)閤小門也東向開之避當庭門而引接賓客以別於掾吏官屬 弘이性이

膠西王景帝子也

意忌ᄒᆞ고外寬內深ᄒᆞ야 (釋義)外寬內深言其中心刻剝意多忌害人也王氏曰按杜周外寬內深次骨注次至其也用法深刻至骨也 諸常與弘으로有隙에無近遠히雖陽與善이나 (釋義)陽與佯通詐也 後에竟報其過러라 出弘本傳 董仲舒의爲人이廉直ᄒᆞ야以弘으로爲從諛라ᄒᆞ니弘이嫉之라가膠西王端이驕恣ᄒᆞ야數犯法ᄒᆞ고所殺傷二千石이甚衆이어늘弘이乃薦仲舒ᄒᆞ야爲膠西相ᄒᆞ니仲舒ㅣ以病으로免ᄒᆞ다 出仲舒本傳 ◯(班固)贊曰劉向稱董仲舒有王佐之材雖伊呂亡以及之如管晏之屬伯者之佐殆不及也至向子歆以爲伊呂聖人之耦王者不得則不興故顏淵死孔子曰噫天喪予唯此一人爲能當之自宰我子貢子游子夏不與焉仲舒遭漢承秦滅之後六經離析下帷發憤潛心大業令後學者有所統一爲羣儒首然考其師友淵源所漸猶未及乎游夏而管晏不及伊呂不加過矣至向曾孫龔篤論君子也以歆之言爲然

五年이라公孫弘으로丞相을ᄉᆞᆷ어平津侯를封ᄒᆞ니丞相으로侯에封홈이弘으로브터始ᄒᆞ엿더라上이바야흐로功業을興ᄒᆞ니弘이이에東閤을開ᄒᆞ고ᄡᅥ賢人을延ᄒᆞ야더브러議를參謀ᄒᆞ더라弘이性이意로忌ᄒᆞ고外로寬ᄒᆞ고內로深ᄒᆞ야모든일즉弘으로더브러隙이有홈에近遠이업시비록그짓더브러善ᄒᆞ나後에竟히그過를報ᄒᆞ더라仲董舒의人됨이廉直ᄒᆞ야弘으로ᄡᅥ諛를從ᄒᆞᆫ다ᄒᆞ니弘이嫉ᄒᆞ다가膠西王端이驕恣ᄒᆞ야자로法을犯ᄒᆞ고殺傷ᄒᆞᆫ바二千石이심히만커늘弘이이에仲舒를薦ᄒᆞ야膠西相을ᄉᆞᆷ으니仲舒ㅣ病으로ᄡᅥ免ᄒᆞ다

(欲誅之以事)以事致其罪誅之也

右賢王凶奴官號也有左有右左賢王以次爲單于

汲黯이常毁儒ᄒᆞ야面觸弘ᄒᆞᆫ대弘이欲誅之以事ᄒᆞ야乃言上曰右內史(釋義)地志秦京師爲史師古曰秦幷天下改立郡縣而京畿所統時號內史言在內以別於諸郡守也百官表內史掌京師景帝分置左右武帝更名京兆尹右內史更名左馮翊主爵中尉掌列候武帝更名右扶風治內史右地與左馮翊京兆尹是爲三輔界部中에多貴人宗室ᄒᆞ니難治라非素重臣이면不能任이니請徙黯爲右內史ᄒᆞ소서上이從之ᄒᆞ다出黯本傳

汲黯이일즉儒를毁ᄒᆞ야面으로弘을觸ᄒᆞᆫ대弘이事로써誅코져ᄒᆞ야이에上에게言ᄒᆞ야曰右內史界部中에貴人宗室이多ᄒᆞ니治키難ᄒᆞᆫ지라본ᄃᆡ重臣이아니면能히任ᄒᆞᆯ슈업스니請컨ᄃᆡ黯을從ᄒᆞ야右內史를숨으소셔上이從ᄒᆞ다

凶奴右賢王이數侵擾朔方이어ᄂᆞᆯ天子ㅣ令將軍衛靑等으로出右北平擊之ᄒᆞ야得右賢裨王十餘衆과(釋義)師古曰裨王小王也若裨王然索隱曰裨頻彌反王之偏副也男女萬五千餘人과畜數十百萬ᄒᆞ야引還至塞어ᄂᆞᆯ天子ㅣ使使者ᄒᆞ야持大將軍印ᄒᆞ고卽軍中ᄒᆞ야拜衛靑爲大將軍ᄒᆞ고諸將을皆屬焉ᄒᆞ니尊寵이於羣臣에無二ㅣ라(釋義)王氏曰言群臣止一人耳公卿以下ㅣ皆卑奉之호ᄃᆡ獨汲黯이與亢禮어ᄂᆞᆯ亢音抗人或說黯曰大將軍이尊重ᄒᆞ니君은不可以不

(有揖客)言能降貴以禮士反最爲重也

**拜ᄒᆞ니라 黯이 曰以大將軍으로 有揖客ᄒᆞ니 反不重耶아 大將軍이 聞ᄒᆞ고 愈賢黯ᄒᆞ야 數請問國家朝廷所疑ᄒᆞ고 遇黯을 加於平日이러라**

匈奴右賢王이자조朔方을侵ᄒᆞ야擾ᄒᆞ거늘天子ㅣ將軍衛靑等으로하여곰右北平에出ᄒᆞ야擊ᄒᆞ야右賢裨王十餘衆과男女萬五千餘人과畜數十百萬을得ᄒᆞ야引ᄒᆞ야還ᄒᆞ야塞에至ᄒᆞ거늘天子ㅣ使者를부려大將軍印을持ᄒᆞ고軍中에나아가衛靑을拜ᄒᆞ야大將軍을삼고諸將을다屬ᄒᆞ니尊寵이羣臣에二가無ᄒᆞᆫ지라公卿써下ㅣ다卑ᄒᆞ야奉호되홀노汲黯이더부러禮를亢ᄒᆞ거늘人이혹黯을說ᄒᆞ여曰大將軍이尊重ᄒᆞ니君은可히拜치아니치못ᄒᆞᆯ지니라黯이曰大將軍으로써揖客이有ᄒᆞ니도로혀重치아니ᄒᆞ냐大將軍이聞ᄒᆞ고더욱黯을賢히ᄒᆞ야자조請ᄒᆞ야國家朝廷의疑ᄒᆞᆫ바를問ᄒᆞ고黯을遇ᄒᆞ기를平日보다더ᄒᆞ더라

(新增東萊呂氏)曰伏節死義之士何世無之顧上之所以養之何如耳高祖之初丁公不忠於項羽則戮之以徇衆韓信自稱其壯士則貸之以激世田橫不肯歸漢而自殺則壯其節而爲之流涕魯不下漢則嘆其守禮義之國而不忍屠之以兵所以培養氣節自守不爲一時氣焰之所屈不疑之不肯解劍貫禹之不肯脫冠不受卒徒唾背如田延年不聽兩吏挾持如蕭望之不拜大將軍如汲長孺不屈節於單于如蘇子卿其凜凜英風使人激懦而增氣以至田甲賈人也責張湯行義有烈士之風樓護俠徒也議論常依名節而聽之者皆竦則其人可知也惟漢世之君陰有以養其氣不沮不挫而戶有以銷其犯上難制之銳故其人亦不以所長自矜而無矯激之名忠而不訐剛而不暴有伏節死義之士而後世獨以節義之名歸之東京者蓋東京以節義爲尙故也要之東漢尙節義不若西漢蓋其實有而名亡也

大將軍靑이雖貴나有時侍中에上이踞厠而視之ᄒᆞ고 (釋義)王氏曰厠音側謂床邊側耳或云溷厠非也胡氏曰亦猶文帝臨厠謂山岸以是故也仲馮曰古者見大臣則御坐爲起然則踞厠者輕之也 丞相弘이燕見에上이或時不冠ᄒᆞ되至如汲黯見ᄒᆞ야는上이不冠不見也러라上이嘗坐武帳中이러니 (釋義)武帳織爲武士之象也一云置兵闌五兵於帳中 黯이前奏事어늘上이不冠이라가望見黯ᄒᆞ고避帷中ᄒᆞ야使人可其奏ᄒᆞ니라 其見敬禮ㅣ如此러라 出衛靑汲黯傳

(燕見)燕安也謂閑燕之時也

大將軍靑이비록貴ᄒᆞ나有時로侍中ᄒᆞᆷ에上이踞厠ᄒᆞ야視ᄒᆞ고丞相弘이燕見ᄒᆞᆷ에上이혹ᄯᅢ에冠치아니ᄒᆞ되汲黯을見ᄒᆞᆷ갓ᄒᆞᆷ에至ᄒᆞ야는上이冠치아니ᄒᆞ면見치못ᄒᆞ더다上이일즉이武帳中에坐ᄒᆞ엿더니黯이압헤셔事를奏ᄒᆞ거늘上이冠치아니ᄒᆞ엿다가黯을望見ᄒᆞ고帷中에避ᄒᆞ야人으로하여곰그奏를可ᄒᆞ다ᄒᆞ니그보미敬ᄒᆞ고禮ᄒᆞᆷ이이와갓더라

(東萊呂氏)曰漢武帝踞厠見衛靑不冠見公孫弘惟於汲黯不冠則不敢見其胸中涇渭亦明矣然其所尊非所任所任非所尊有尊賢之名而無尊賢之效也人之常情愈敬則愈疎愈狎則愈親武帝之於君子外合而中離武帝之於小人外薄而中厚世反謂武帝能尊汲黯而賤弘靑亦過矣雖然君子之交淡若水始雖疎而終必親小人之交甘若醴始雖親而終必疎小人之事君未言而唯唯旣言而諾諾固足以深結人主之驩然權利相激情見詐明其不爲人君所窺者鮮矣君子正言格論初若落落而難合至於臨大節蒙大難終始不渝然後人主始知其可親也武帝腹心帷幄之臣未可一二數及論社稷臣獨許汲黯而不許弘靑豈非厭諂諛之容悅而悟純朴之士終可信歟使其天假之年吾知周公之圖不以賜霍光而賜汲黯矣

夏六月에 詔曰盖聞導民以禮ᄒᆞ고 風之以樂이라ᄒᆞ니 (釋義)王氏曰風如字風諷也敎也風以動之敎以化之是也 今禮壞樂崩ᄒᆞ니 朕甚閔焉ᄒᆞ노니 其令禮官으로 勸學興禮ᄒᆞ야 以爲天下先ᄒᆞ라 於是에 丞相弘等이 奏請ᄒᆞ되 爲博士官ᄒᆞ야 置弟子五十人ᄒᆞ야 復其身ᄒᆞ고 太常이 擇民年十八已上에 儀狀端正者ᄒᆞ야 補博士弟子ᄒᆞ고 詣大常受業ᄒᆞ되 能通一藝以上이어든 補文學掌故ᄒᆞ고 卽有秀才異等이어든 輒以名聞ᄒᆞ노이다 上이 從之ᄒᆞ니 自此로 公卿大夫士吏ㅣ 彬彬多文學之士矣ㅣ러라 出儒林傳序

(釋義)掌故治禮之官主故事者以有文學習禮儀者爲之故曰文學掌故

夏六月에詔ᄒᆞ야曰되마드르니民을導호대禮로써ᄒᆞ고風ᄒᆞ기를樂으로써ᄒᆞᆫ다ᄒᆞ니今에禮가壞ᄒᆞ고樂이崩ᄒᆞ니朕이심히閔ᄒᆞ노니그禮官으로하여곰學을勸ᄒᆞ고禮를興ᄒᆞ야써天下를爲ᄒᆞ야先히ᄒᆞ라이에丞相弘等이奏請ᄒᆞ되博士官을ᄒᆞ야弟子五十人을置ᄒᆞ야그身을復ᄒᆞ고太常이民年十八已上에儀狀이端正ᄒᆞᆫ者를擇ᄒᆞ야博士弟子를補ᄒᆞ고太常에詣ᄒᆞ야業을受호대能히一藝以上을通ᄒᆞ거든文學掌故를補ᄒᆞ고곳秀才異等이有ᄒᆞ거든믄득名으로써聞ᄒᆞ겟노이다上이從ᄒᆞ니此로自ᄒᆞ야公卿大夫士吏ㅣ彬彬ᄒᆞ야文學의士가多ᄒᆞ더라

(六將軍)公孫敖公孫賀趙信蘇建李廣利

(戊午)六年이라夏에衛靑이復將六將軍ᄒᆞ고出定襄ᄒᆞ야 (釋義)幷州定襄郡隋置忻州有定襄縣故城在朔州善陽北三百里 擊匈奴ᄒᆞ야斬首虜萬餘人ᄒᆞ다 出匈奴傳

六年이라夏에衛靑이다시六將軍을將ᄒᆞ고定襄을出ᄒᆞ야匈奴를擊ᄒᆞ야首虜萬餘人을斬ᄒᆞ다

是時에漢이比歲發十餘萬衆ᄒᆞ야擊胡ᄒᆞ니斬捕首虜之士ㅣ受賜黃金二十餘萬斤而漢軍士馬死者十餘萬이오兵甲轉漕之費ᄂᆞᆫ不與焉이라於是에大司農이經用이竭ᄒᆞ야 (釋義)經常也謂常用之錢竭盡 不足以奉戰士라六月에詔令民으로得賣爵及贖禁錮ᄒᆞ고免臧罪置賞官ᄒᆞ야名曰武功爵이라ᄒᆞ니 (釋義)王氏曰瓚曰茂陵中書有武功爵十一級一造士二閑輿衛三良士四元戎士五官首六書鐸七千夫八樂卿九執戎十攻戾庶長十一軍衛 吏道ㅣ雜而多端이라官職이耗 食貨志註耗普帽亂也 廢矣러라 出漢書食貨志

이ᄯᅴ에漢이比歲로十餘萬衆을發ᄒᆞ야胡를擊ᄒᆞ니首虜를斬捕ᄒᆞᆫ士ㅣ黃金을受賜ᄒᆞᆷ이二十餘萬斤이고漢軍士馬死ᄒᆞᆫ者ㅣ十餘萬이오兵甲轉漕의費ᄂᆞᆫ與치아니ᄒᆞᄂᆞᆫ지라이에大司農의經用이竭ᄒᆞ야足히ᄡᅥ戰士를奉치못ᄒᆞᄂᆞᆫ지라六月에詔ᄒᆞ야民으로ᄒᆞ여곰시러곰爵을賣ᄒᆞ며밋禁錮를贖ᄒᆞ고臧罪를免ᄒᆞ며賞官을置ᄒᆞ야名ᄒᆞ야

(淮南王安高帝子淮南厲王之長子)
(伍被)楚人伍子胥之後爲淮南中郎將)
(衡山王名賜淮南厲王之子)

曰武功爵이라ᄒᆞ니吏道ㅣ雜ᄒᆞ고端이多ᄒᆞᆫ지라官職이耗廢ᄒᆞ더라

(己未)元狩元年이라淮南王安이謀反ᄒᆞᆯ서且曰漢廷大臣에獨汲黯이好直諫ᄒᆞ고守節死義ᄒᆞ니難惑以非어니와至於說丞相弘等ᄒᆞ야ᄂᆞᆫ如發蒙振落爾라ᄒᆞ더라(王氏曰發蒙振落韋昭云發去物之蒙振落樹上之葉言直取之易也)會에伍被ㅣ詣吏ᄒᆞ야自告與淮南王으로謀反이어늘上이下公卿治ᄒᆞᆫ대十一月에安이自殺ᄒᆞ고衡山王이亦自剄死ᄒᆞ다

元狩元年이라淮南王安이反을謀ᄒᆞᆯ서且曰漢廷大臣에홀로汲黯이直諫을好ᄒᆞ고節을守ᄒᆞ고義에死ᄒᆞ니非로써惑키難ᄒᆞ거니와丞相弘等을說ᄒᆞᆷ에至ᄒᆞ야ᄂᆞᆫ蒙을發ᄒᆞ야振落ᄒᆞᆷ과如ᄒᆞ다ᄒᆞ더라會에伍被ㅣ吏에詣ᄒᆞ야ᄉᆞᄉᆞ로淮南王으로더브러謀反ᄒᆞᆷ을告ᄒᆞ거ᄂᆞᆯ上이公卿에下ᄒᆞ야治ᄒᆞᆫ대十一月에安이自殺ᄒᆞ고衡山王이ᄯᅩᄉᆞᄉᆞ로剄ᄒᆞ야死ᄒᆞ다

五月에匈奴萬人이入上谷ᄒᆞ야殺數百人ᄒᆞ다

五月에匈奴萬人이上谷에入ᄒᆞ야數百人을殺ᄒᆞ다

張騫이自月氏(音支匈奴號)로歸ᄒᆞ야言西域諸國風俗ᄒᆞᄃᆡ大宛에多善馬ᄒᆞ고

(復事)謂經畧通之專以爲事也武帝元朔二年嘗破西域故曰復事

大夏에邛竹杖이오 (王氏曰山海經邛峽山出邛竹瓚曰邛山之竹節高中實可作杖蜀記云張騫奉使尋河源得高節竹植於邛山堪爲杖) 大夏安息之屬이皆大國이라多奇物이라ᄒᆞᄃᆡ天子ㅣ欣然ᄒᆞ야以騫言爲然ᄒᆞ야乃復事西南夷ᄒᆞ다 (出騫傳及西南夷傳)

張騫이月氏로브터歸ᄒᆞ야西域諸國風俗을言호ᄃᆡ大宛에善馬가多ᄒᆞ고大夏에邛竹杖이오大夏安息의屬이다大國이라奇物이多ᄒᆞ다ᄒᆞᆫᄃᆡ天子ㅣ欣然ᄒᆞ야騫의言으로써然타ᄒᆞ야이에다시西南夷를事ᄒᆞ다

秋에匈奴渾邪王이降ᄒᆞ거늘 (渾下昆反邪時遮反匈奴之屬爲王者之號) 漢이發車二萬乘ᄒᆞ야以迎之ᄒᆞᆯ서縣官이無錢ᄒᆞ야從民貰馬ᄒᆞ니 (貰時夜反又音世賖貸也) 民이或匿馬ᄒᆞ야馬不具어늘上이怒ᄒᆞ야欲斬長安令ᄒᆞᆫᄃᆡ右內史汲黯이曰長安令은無罪ᄒᆞ니獨斬臣黯이라야民이乃肯出馬ᄒᆞ리이다且匈奴ㅣ畔其主而降漢ᄒᆞ니何至罷敝中國ᄒᆞ야以事夷狄之人乎ㅣ잇가上이默然曰吾ㅣ久不聞汲黯之言이러니今又復妄發矣로다 (出汲黯傳此用史記句漢書作甘心夷狄) 居頃之애乃命徙降者邊五郡ᄒᆞ고 (邊近也隴西北地上郡朔方雲中此五郡也) 因其故俗ᄒᆞ야爲五屬國ᄒᆞ다 (以上略見本紀)

(黃門)屬小府賤任親近天子以供給百物在焉 休屠國作金人祭天上賜日磾姓金氏

秋에匈奴渾邪王이降ᄒᆞ거ᄂᆞᆯ漢이車二萬乘을發ᄒᆞ야써迎ᄒᆞᆯ시縣官이錢이無ᄒᆞ야民을從ᄒᆞ야馬를貰ᄒᆞ니民이或馬를匿ᄒᆞ야馬ㅣ具치안는지라上이怒ᄒᆞ야長安令을斬코져ᄒᆞᆫ딕右內史汲黯이曰長安令이罪가無ᄒᆞ니ᄒᆞᆯ로臣黯을斬ᄒᆞ여야民이이에肯ᄒᆞ야馬를出ᄒᆞ리이다ᄯᅩᄒᆞᆫ匈奴ㅣ그主를畔ᄒᆞ고漢에降ᄒᆞ니何로中國을罷敝ᄒᆞ야써夷狄의人을事홈에至ᄒᆞ리잇고上이默然ᄒᆞ다가曰吾ㅣ久히汲黯의言을聞치못ᄒᆞ얏더니이제ᄯᅩ다시妄發ᄒᆞ엿도다이윽고이에命ᄒᆞ야降者를邊五郡에徙ᄒᆞ고그故俗을因ᄒᆞ야五屬國을ᄒᆞ다

養心吳氏曰因其故俗爲屬國猶未與中國雜處也後漢書曰武帝置屬國都尉主蠻夷降者師古曰存其國號而屬漢故曰屬國(林之奇)曰武帝從事四夷以糜費中國不獨其征伐而然也如東夷穢貊等降而燕齊之間爲之騷動匈奴渾邪王降而府庫爲之一空夫王者之於夷狄不誘其來不追其往使中國自爲中國夷狄自爲夷狄則吾民可以無事苟其來則誘之去則追之則是中國之撓無時而已也然則光武閉玉門以謝西域之質豈不爲長策乎

**休屠王太子日磾ㅣ** 休許虯反屠音儲匈奴所封王地也後降漢爲開國縣屬武威郡磾丁奚反 **沒入官ᄒᆞ야輸黃門ᄒᆞ야養馬久之러니日磾ㅣ牽馬過殿下ᄒᆞᆯ시容貌甚嚴이어늘上이奇焉ᄒᆞ야即日에拜爲侍中ᄒᆞ고甚信愛之ᄒᆞ야賜姓金氏ᄒᆞ다** 出日磾傳

休屠王太子日磾ㅣ沒ᄒᆞ야官에入ᄒᆞ야黃門에輸ᄒᆞ야馬를養ᄒᆞ기를久히ᄒᆞ더니日磾ㅣ馬를牽ᄒᆞ고殿下에過ᄒᆞᆯ시容貌ㅣ甚히嚴ᄒᆞ거ᄂᆞᆯ上이奇히여겨即日에拜ᄒᆞ야

侍中을삼고甚히信ᄒᆞ고愛ᄒᆞ야姓金氏를賜ᄒᆞ다

(辛酉)三年이라得神馬於渥洼水中ᄒᆞ고 王氏曰渥洼水在敦煌郡李斐曰初南陽新野人暴利長武帝時遭刑屯田于郡界數於此水旁見羣野馬中有奇者與凡馬異來飮此水利長先作土人持勒絆立水旁後馬玩習久之乃代土人持勒絆收得其馬獻之欲神異此馬故云從水中出師古曰渥音握洼於佳反一音鳥花反 次以爲歌ᄒᆞ고 王氏曰次撰述也次以爲太一之歌按其歌曲曰太一貢兮天馬下霑赤汗兮沫流赭騁容與兮跇萬里今安匹兮龍與友 上이方立樂府ᄒᆞ야使司馬相如等으로造爲詩賦ᄒᆞ고以宦者李延年으로爲協律都尉ᄒᆞᆫ대汲黯이曰凡王者ㅣ作樂에上以承祖宗ᄒᆞ고下以化兆民이어늘今陛下ㅣ得馬ᄒᆞ야詩以爲歌ᄒᆞ야協於宗廟ᄒᆞ시니先帝百姓이豈能知其音耶잇가上이默然不說이러라 出史記樂書

三年이라神馬를渥洼水中에서得ᄒᆞ고次에써歌를ᄒᆞ고上이바야흐로樂府를立ᄒᆞ야司馬相如等으로ᄒᆞ여곰詩賦를造ᄒᆞ고宦者李延年으로써協律都尉를삼은ᄃᆡ汲黯이曰무릇王인者ㅣ樂을作ᄒᆞᆷ에上으로써祖宗을承ᄒᆞ고下로써兆民을化ᄒᆞ거늘今에陛下ㅣ馬를得ᄒᆞ야詩로써歌를ᄒᆞ야宗廟에協ᄒᆞ시니先帝百姓이엇지能히그音을知ᄒᆞ리잇가上이默然ᄒᆞ고說치아니ᄒᆞ더라

上이招延士大夫ᄒᆞ대常如不足이나然이나性이嚴峻ᄒᆞ야羣臣을雖素愛

信者나 或小有犯法ᄒᆞ며 或欺罔이면 輒按誅어ᄂᆞᆯ 汲黯이 諫曰陛下ㅣ 求賢甚勞ᄒᆞ샤 未盡其用에 輒以殺之ᄒᆞ야 以有限之士로 恣無已之誅ᄒᆞ시니 臣은 恐天下賢材ㅣ 將盡일가ᄒᆞ노니 陛下ㅣ 誰與共爲治乎잇고 上이 曰所謂賢者는 猶有用之器也라 有才不肯盡用ᄒᆞ면 與無才同ᄒᆞ니 不殺何施오 (出荀悅紀)

上이士大夫를招延호ᄃᆡ常히足지못홈갓치ᄒᆞ나然이나性이嚴峻ᄒᆞ야羣臣을비록본ᄃᆡ愛信ᄒᆞ든者ㅣ나或小히法을犯ᄒᆞ며或欺罔ᄒᆞ는이가有ᄒᆞ면믄득誅에按ᄒᆞ거늘汲黯이諫ᄒᆞ야曰陛下ㅣ賢을求ᄒᆞ심을심히勞ᄒᆞ샤그用을盡치못홈에믄득ᄡᅥ殺ᄒᆞ야有限의士로ᄡᅥ無已의誅를恣ᄒᆞ시니臣은恐컨ᄃᆡ天下의賢材ㅣ장ᄎᆞᆺ盡ᄒᆞᆯ가ᄒᆞ노니陛下ㅣ誰로더부러ᄒᆞᆫ가지治ᄒᆞ시리잇고上이曰일운바賢인者는有用의器와猶ᄒᆞᆫ지라才가有ᄒᆞ고질겨盡用치못ᄒᆞ면無才로더부러同ᄒᆞ니殺치안코何를施ᄒᆞ리오

(壬戌)四年이라 有司言縣官用度ㅣ 大空(空苦貢反欿也) 而富商大賈ㅣ 冶鑄煮鹽ᄒᆞ야 財或絫萬金이로ᄃᆡ (絫古累字) 不佐國家之急ᄒᆞ니 請更錢造幣ᄒᆞ야

東郭複姓咸陽名也

以贍用하노이다 於是에 以東郭咸陽과 孔僅으로 爲大農丞하야 領鹽鐵事하고 桑弘羊으로 以計筭하니 三人이 言利事에 析秋毫矣러라 應劭曰百物毫芒至秋皆美細今謂三人言利事纖悉者能分析其秋毫也 公卿이 又請筭及民車船하니 其法이 皆出張湯이라 百姓이 不安其生하야 咸指怨湯하더라 出史記平準書自公卿又請以下文不同

四年이라 有司ㅣ 言하되 縣官用度ㅣ 大空하고 富商大賈ㅣ 冶鑄하고 煮鹽하야 財가 혹 絫萬金이로되 國家의 急을 佐치아니하니 請컨대 錢을 更하고 幣를 造하야 써 用을 贍케하게 노이다 이에 東郭咸陽과 孔僅으로써 大農丞을 삼어 鹽鐵事를 領케하고 桑弘羊으로써 筭을 計케하니 三人이 利事를 言함에 秋毫를 析하더라 公卿이 또 民의 車船을 筭及하기를 請하니 그 法이 다 張湯에셔 出한지라 百姓이 그 生을 安치못하야 다 指하야 湯을 怨하더라

(陳季雅)曰自古爲國將厚斂以取民必以嚴刑峻法爲先所以然者蓋衣食生民之命賦斂繁多怨讟將興物議將騰若非峻法以鉗天下之口使之俛首喪氣於下則法無緣可行武帝之興外事四夷內興工役財用不繼始取文景賦斂之法一切變易增加初來未理會財賦只於刑法上加工招進張湯杜周之屬爲廷尉作見知故縱監臨部主廢格沮誹之獄上自公卿大臣下至百姓皆畏法鉗口而不敢議而後桑弘羊孔僅之徒得以行其策太史公識得此意故不與桑湯羊孔僅作傳却於張湯傳見之不於刑法志說張湯杜周變法之因却於食貨志言之如所謂法嚴令具興利之臣自此而始則其意可知矣

初에 河南人卜式이 數請輸財縣官하야 以助邊이어늘 天子ㅣ 使使하야

問式欲官乎아 曰不願也니이다 有冤欲言乎아 曰無所欲言也로이다 天子ㅣ 誅匈奴ᄒᆞ시니 愚는 以爲賢者는 宜死節於邊ᄒᆞ고 有財者는 宜輸委니 如此면 而匈奴를 可滅也리이다 上이 由是로 賢之ᄒᆞ야 欲尊以風(諷音)百姓ᄒᆞ야 乃召拜式爲中郞ᄒᆞ고 賜田十頃ᄒᆞ야 布告天下ᄒᆞ야 使明知之니라 未幾에 又擢式爲齊太傅ᄒᆞ다

初에河南人卜式이자조財를縣官에輸ᄒᆞ야써邊을助ᄒᆞ기를請ᄒᆞ거늘天子ㅣ使를부려式에게問ᄒᆞ되官코져ᄒᆞ는고曰願치안는이다冤이有ᄒᆞ야言코져ᄒᆞ는뇨曰言코져ᄒᆞ는바이無ᄒᆞ이다天子ㅣ匈奴를誅ᄒᆞ시니愚는써ᄒᆞ되賢者는맛당이邊에셔死節ᄒᆞ고財가有ᄒᆞᆫ者는맛당이輸委ᄒᆞᆯ지니이와갓ᄒᆞ면匈奴를可히滅ᄒᆞ리이다上이이로由ᄒᆞ야賢히여겨尊ᄒᆞ야써百姓을風코져ᄒᆞ야이에式을召ᄒᆞ야拜ᄒᆞ야中郞을숨고田十頃을賜ᄒᆞ야天下에布告ᄒᆞ야ᄒᆞ여곰明히知케ᄒᆞ더니未幾에ᄯᅩ式을擢ᄒᆞ야齊太傅를숨다

上이 與諸將議曰翕侯趙信이 爲單于畫計ᄒᆞ야 常以爲漢兵이 不能度幕輕留라ᄒᆞ니(謂度沙漠輕入而久留也) 今大發士卒이면 其勢ㅣ 必得所欲이라ᄒᆞ고 乃粟馬十萬ᄒᆞ고 令大將軍青과 票騎將軍去病으로(票頻妙反勁疾貌) 各將五

(兩軍大將靑軍票騎將軍去病)

(姑衍山名)

((物故)謂死也言其同於鬼物而故也一說不欲斥言死但云其所用之物故云也)

萬騎ᄒᆞ니 大將軍은 出塞千餘里ᄒᆞ야 度幕ᄒᆞ야 捕斬首虜萬九千級ᄒᆞ고 遂至窴顔山(窴徒賢反) 趙信城ᄒᆞ야 得匈奴積粟ᄒᆞ야 食軍留一日ᄒᆞ고 悉燒其城餘粟而歸ᄒᆞ고 票騎將軍은 出代右北平二千餘里ᄒᆞ야 封狼居胥山ᄒᆞ고(狼居胥山居匈奴中) 禪於姑衍ᄒᆞ며(姑衍在匈奴中封禪書註山阪曰衍) 登臨翰海ᄒᆞ야(登海邊山以望海也如淳曰北海名在沙漠北王氏曰按翰海自是一大海名羣鳥解羽伏乳於此因名焉) 鹵獲七萬四百四十三級ᄒᆞ니 兩軍之出塞에 塞閱官及私馬ᄒᆞ니 凡十四萬匹而後入塞者ㅣ 不滿三萬匹이라 乃益置大司馬位ᄒᆞ야 大將軍과 票騎將軍이 皆爲大司馬ᄒᆞ다(以上霍去病傳) 是時에 漢所殺虜匈奴ㅣ 合八九萬이오 而漢士卒의 物故ㅣ 亦數萬이라 是後에 匈奴遠遁而幕南에 無王庭이라(王氏曰匈奴穹廬若庭故云王庭也) 漢이 度河ᄒᆞ야 自朔方以西로 至令居히(令音零地志按有令居縣音連) 往往通渠ᄒᆞ고 置田官吏卒五六萬人ᄒᆞ고 稍蠶食匈奴以北이나 然이나 亦以馬少로 不復大出擊匈奴矣러라(以上出匈奴傳及衛靑傳)

上이諸將으로더부러議ᄒᆞ야日翕侯趙信이單于를爲ᄒᆞ야計를畫ᄒᆞ야항ᄉᆞᆼ써ᄒᆞ되漢兵이能히幕을度ᄒᆞ야輕히留치못ᄒᆞᆫ다ᄒᆞ니今에크게士卒을發ᄒᆞ면그勢ㅣ반다시欲ᄒᆞᆯ바를得ᄒᆞ리라ᄒᆞ고이에馬十萬을粟ᄒᆞ고大將軍青과票騎將軍去病으로ᄒᆞ여곰각々五萬騎를將케ᄒᆞ니大將軍은塞千餘里를出ᄒᆞ야幕을度ᄒᆞ야首虜萬九千級을捕斬ᄒᆞ고드듸여寘顏山趙信城에至ᄒᆞ야匈奴의積粟을得ᄒᆞ야軍을食ᄒᆞ야一日을留ᄒᆞ고다그城의餘粟을燒ᄒᆞ고歸ᄒᆞ고票騎將軍은代右北平二千餘里를出ᄒᆞ야狼居胥山에封ᄒᆞ고姑衍에禪ᄒᆞ며翰海에登臨ᄒᆞ야七萬四百四十三級을鹵獲ᄒᆞ니兩軍이塞에出ᄒᆞᆷ에塞에官과밋私馬를閱ᄒᆞ니므릇十四萬匹이러니後에塞에入ᄒᆞᆫ者ㅣ三萬匹에滿치안터라이에더욱大司馬位를置ᄒᆞ야大將軍과票騎將軍이다大司馬가되다이ᄯᅢ에漢이殺ᄒᆞ고虜ᄒᆞᆫ바匈奴ㅣ合八九萬이오漢士卒의物故ㅣᄯᅩ數萬이라이후에匈奴ㅣ遠히遁ᄒᆞ고幕南에王庭이無ᄒᆞᆫ지라漢이河를度ᄒᆞ야朔方써西로브터令居에至ᄒᆞ기往々渠를通ᄒᆞ고田官을置ᄒᆞ고吏卒五六萬人이稍히匈奴以北을蠶食ᄒᆞ나그러나ᄯᅩ馬가少ᄒᆞᆷ으로써다시크게出ᄒᆞ야匈奴를擊치못ᄒᆞ더라

**齊人少翁이以鬼神方으로見上이어ᄂᆞᆯ上이拜爲文成將軍이러니歲餘에其方이益衰ᄒᆞ고神不至어ᄂᆞᆯ於是에誅文成將軍而隱之ᄒᆞ다** 出史記平準書

(隱之)秘誅文成之

事而不令人知之也

顧反也

齊人少翁이鬼神의方으로써上게見ᄒᆞ거늘上이拜ᄒᆞ야文成將軍을삼엇더니歲餘에其方이더욱衰ᄒᆞ고神이至치안커늘이에文成將軍을誅ᄒᆞ고隱ᄒᆞ다

(癸亥)五年이라上이召拜汲黯ᄒᆞ야爲淮陽太守ᄒᆞ니黯이曰臣이常有狗馬之心이러니(思報效也)今에病ᄒᆞ야力不能任郡事니(力甚也)臣은願爲中郎ᄒᆞ야出入禁闥ᄒᆞ야補過拾遺ㅣ臣之願也니이다上이曰君이薄淮陽邪아吾今召君矣리라(今猶言卽今謂今日後卽召君來也)顧淮陽吏民이不相得일서吾徒得君之重ᄒᆞ야臥而治之ᄒᆞ노라居淮陽十載而卒ᄒᆞ다(出史汲黯傳)

五年이라上이汲黯을召拜ᄒᆞ야淮陽太守를삼으니黯이曰臣이常히狗馬의心이有ᄒᆞ더니今에病ᄒᆞ야力이能히郡事를任치못ᄒᆞ겟스니臣은원컨ᄃᆡ中郎이되여禁闥에出入ᄒᆞ야過를補ᄒᆞ고遺를拾홈이臣의願이로소이다上이曰君이淮陽이薄ᄒᆞ냐吾가今에君을召ᄒᆞ리라顧컨ᄃᆡ淮陽吏民이相得지못홀ᄉᆡ吾ㅣ徒히君의重을得ᄒᆞ야臥ᄒᆞ야治ᄒᆞ려ᄒᆞ노라淮陽에居ᄒᆞᆫ지十載에卒ᄒᆞ다

(甲子)六年이라是歲에大農令顏異ㅣ誅ᄒᆞ다初에異ㅣ以廉直으로稍遷至九卿이러니張湯이與異로有郤이라人有告異以他事어늘下湯

治異ᄒᆞᆫ대 異ㅣ與客語ᄒᆞᆯ서 初令下에 有不便者어늘 異不應ᄒᆞ고 微反脣이러니 湯이 奏當ᄒᆞ되 異ㅣ 九卿으로 見令不便ᄒᆞ고 不入言而腹誹ᄒᆞ니 論死니이다 (誹讀曰非) 自是之後로 有腹誹之法比ᄒᆞ야 (比吡至反則例也) 而公卿大夫ㅣ 多諂諛取容矣러라 (出史記平準書)

六年이라是歲에大農令顔異ㅣ誅ᄒᆞ다初에異ㅣ廉直으로써稍로遷ᄒᆞ야九卿에至ᄒᆞ니張湯이異로더부러郤이有ᄒᆞᆫ지라人이잇서異를他事로써告ᄒᆞ거늘湯에게下ᄒᆞ야異를治케ᄒᆞᆫ되異ㅣ客으로더브러語ᄒᆞᆯ시初로令을下ᄒᆞᆷ에不便ᄒᆞᆫ者ㅣ有ᄒᆞ거늘異ㅣ應치안코微히脣을反ᄒᆞ엿더니湯이奏當호되異ㅣ九卿으로令의不便ᄒᆞᆷ을見ᄒᆞ고入言치아니ᄒᆞ고腹으로誹ᄒᆞ니死로論ᄒᆞᆯ지니이다이후로브터腹誹의法比가有ᄒᆞ야公卿大夫ㅣ諂諛로取容ᄒᆞᆷ이多ᄒᆞ더라

(丙寅)元鼎二年이라 冬十月에 張湯이 有罪自殺ᄒᆞ다 (出本紀)

元鼎二年이라冬十月에張湯이罪가有ᄒᆞ야自殺ᄒᆞ다

春에 起栢梁臺ᄒᆞ고 (臺在長安城北關內三輔云用舍柏爲欐梁香聞十里中初太后迎神君祠之宮中神君求出乃營臺舍之) 作承露盤ᄒᆞ니 (三輔黃圖云建章宮神明臺上有銅仙人舒手掌捧銅盤玉杯以承雲表之清露) 高ㅣ二十丈이라 以銅爲之ᄒᆞ고 有仙人掌ᄒᆞ야 以

承露ᄒᆞ야和玉屑飮之ᄒᆞ면云可以長生이라ᄒᆞ니(見郊祀志)宮室之修ㅣ自此日盛이러라(出食貨志及郊祀志)

春에栢梁臺를起ᄒᆞ고承露盤을作ᄒᆞ니高ㅣ二十丈이라銅으로써ᄒᆞ고仙人掌이有ᄒᆞ야써露를承ᄒᆞ야玉屑을和ᄒᆞ야飮ᄒᆞ면云호ᄃᆡ可히써長生ᄒᆞᆫ다ᄒᆞ니宮室의脩ㅣ此로自ᄒᆞ야日로盛ᄒᆞ더라

渾邪王이旣降漢에自鹽澤以東으로空無凶奴ᄒᆞ니西域道를可通이러라於是에張騫이建言ᄒᆞ대厚幣招烏孫ᄒᆞ야以斷凶奴右臂ᄒᆞ소서旣連烏孫ᄒᆞ면自其西로大夏之屬을皆可招來리이다天子ㅣ以爲然ᄒᆞ야使騫으로使烏孫ᄒᆞ고因分遣副使ᄒᆞ야使大宛大夏諸旁國ᄒᆞ니於是에西域이始通於漢矣러라

渾邪王이임의漢에降홈에鹽澤써東으로브터匈奴가空無ᄒᆞ니西域道를可히通ᄒᆞᆯ는지라이에張騫이言을建호대厚幣로烏孫를招ᄒᆞ야써匈奴의右臂를斷ᄒᆞ소서임의烏孫을連ᄒᆞ면그西로브터大夏의屬을다可히招來ᄒᆞᆯ지니이다天子ㅣ써然히여겨騫으로하여곰烏孫에使ᄒᆞ고因ᄒᆞ야副使를分遣ᄒᆞ야大宛大夏諸旁國에使ᄒᆞ니

이에西域이비로소漢을通ᄒᆞ더라

(禁方)諱人之方

(戊辰)四年이라丁義ㅣ薦方士欒大ᄒᆞ야云與文成將軍으로同師라ᄒᆞᆫ대上이方悔誅文成이러니得欒大ᄒᆞ야大說ᄒᆞ야拜爲五利將軍ᄒᆞ니貴震天下라於是에海上燕齊之間이莫不搤腕ᄒᆞ야自言有禁方能神仙矣러라(搤與扼通腕與掔通)後에竟坐誣罔腰斬ᄒᆞ다(出封禪書)

四年이라丁義ㅣ方士欒大를薦ᄒᆞ야云호ᄃᆡ文成將軍으로더브러同師라ᄒᆞᆫ대上이바야흐로文成을誅ᄒᆞᆷ을悔ᄒᆞ더니欒大를得ᄒᆞ고大說ᄒᆞ야拜ᄒᆞ야五利將軍을삼으니貴가天下에震ᄒᆞᆫ지라이에海上燕齊의間이腕을搤지아니리업서스ᄉᆞ로言호ᄃᆡ禁方이有ᄒᆞ고神仙을能ᄒᆞᆫ다ᄒᆞ더라後에맛ᄎᆞᆷ니誣罔에坐ᄒᆞ야要를斬ᄒᆞ다

(永嘉陳氏曰天下之士巧於中人主之欲者國家之所宜戒也是故欲開其貪也則以利試欲開其淫也則以慾試欲開其怠也則以游試欲開其忍也則以殺試欲開其驕也則以諂試欲開其侈也則以土木試欲開其競也則以兵革試欲開其誕也則以鬼神試欲開其夸也則以祥瑞試數者雜集以幸其一中一說之中則人主墮吾術中矣以武帝之窮兵中於嚴助之一試而其事仙中於李少君之一試其後文成以致鬼中五利以鬪棊中公孫卿以仙迹中珠厓之建玳瑁中之也牂柯越巂之開枸醬竹杖中之也大宛安息之通天馬蒲萄中之也數者交中武帝之志荒矣豈非多慾之爲累哉

是時에吏治ㅣ皆以慘刻相尙호ᄃᆡ獨左內史兒寬이(兒寬姓名兒研奚反儒林傳作倪)勸

農桑ᄒᆞ며緩刑罰ᄒᆞ며理獄訟ᄒᆞ야務在得人心ᄒᆞ고擇用仁厚士ᄒᆞ야推情與下ᄒᆞ고不求名聲ᄒᆞ니吏民이大信愛之러라收租稅를時裁闊狹ᄒᆞ야與民相假貸ᄒᆞ니以故로租多不入이러니後有軍發에左內史ㅣ以負租로課殿當免이러니(漢書課殿最註課試也殿丁練反上功曰最下功曰殿)民이聞當免ᄒᆞ고皆恐失之ᄒᆞ야大家ᄂᆞᆫ牛車오小家ᄂᆞᆫ擔負ᄒᆞ야輸租ㅣ繦屬不絕ᄒᆞ니(繦舉兩反屬之欲反繦索也屬聯也若繩索之相屬)課更以最라(上功曰最)上이由此로愈奇寬이러라(出寬本傳)

이ᄯᅢ에吏治ㅣ다慘刻으로써相尙호ᄃᆡ獨히左內史兒寬이農桑을勸ᄒᆞ며刑罰을緩ᄒᆞ며獄訟을理ᄒᆞ야務가人心을得홈에在ᄒᆞ고仁厚士를擇用ᄒᆞ야情을推ᄒᆞ야下를與ᄒᆞ고名聲을求치아니ᄒᆞ니吏民이크게信愛ᄒᆞ더라收租稅를時로闊狹을裁ᄒᆞ야民으로더부러서로假貸ᄒᆞ니以故로租가不入이多ᄒᆞᆫ지라後에軍發이有홈에左內史ㅣ負租로써課가殿ᄒᆞ야免을當ᄒᆞ엿더니民이免을當홈을듯고다失홀가恐ᄒᆞ야大家ᄂᆞᆫ牛車오小家ᄂᆞᆫ擔負ᄒᆞ야輸租ㅣ繦屬ᄒᆞ야絕치아니ᄒᆞ니課가更히써最ᄒᆞᆫ지라上이此로由ᄒᆞ야더욱寬을奇히ᄒᆞ더라

記에曰六月에得寶鼎后土祠旁ᄒᆞ고秋에馬生渥洼水中이어늘

石慶万石君子

作寶鼎天馬之歌ᄒᆞ다 元封元年에 詔曰甘泉宮內에 產芝之九莖連葉ᄒᆞ야 作芝房之歌ᄒᆞ고 太始三年二月에 幸東海ᄒᆞ야 獲赤鴈ᄒᆞ고 作朱鴈之歌ᄒᆞ다

本記에曰六月에寶鼎을后土祠旁에서得ᄒᆞ고秋에馬가渥洼水中에서生ᄒᆞ거ᄂᆞᆯ寶鼎과天馬의歌를作ᄒᆞ다元封元年에詔ᄒᆞ야曰甘泉宮內에芝가產ᄒᆞᆷ에九莖에葉이連ᄒᆞ얏다ᄒᆞ야芝房의歌를作ᄒᆞ고太始三年二月에東海에幸ᄒᆞ야赤鴈을獲ᄒᆞ고朱鴈의歌를作ᄒᆞ다

(己巳)五年이라 以御史大夫石慶으로 爲丞相ᄒᆞ다 時에 國家ㅣ 多事ᄒᆞ야 桑弘羊等은 致利ᄒᆞ고 王溫舒之屬은 峻法ᄒᆞ고 兒寬等은 推文學ᄒᆞ야 皆爲九卿ᄒᆞ야 更進用事ᄒᆞ니 事不關決於丞相이라 丞相慶은 醇謹而已러라 出史 奮傳

五年이라御史大夫石慶으로써丞相을삼다時에國家ㅣ事가多ᄒᆞ야桑弘羊等은利를致ᄒᆞ고王溫舒의屬은法을峻ᄒᆞ고兒寬等은文學을推ᄒᆞ야다九卿이되여다시進ᄒᆞ야事를用ᄒᆞ니事가丞相에게決ᄒᆞᆷ을關치안ᄂᆞᆫ지라丞相慶은醇謹ᄒᆞᆯ다름이러

라

(庚午)六年이라南越이平이어늘以其地로爲南海珠厓等九郡ᄒᆞ고(南海故秦郡也今廣州是也珠厓地在大海中厓岸之邊出珠因以名郡)遂平南夷ᄒᆞ고以其地로爲牂柯郡ᄒᆞ다

六年이라南越이平ᄒᆞ거늘그地로써南海珠厓等九郡을ᄒᆞ고드듸여南夷를平ᄒᆞ고그地로써牂柯郡을ᄒᆞ다

是歲에齊相卜式이爲御史大夫ᄒᆞ야乃言호ᄃᆡ郡國이多不便ᄒᆞ야縣官이作鹽鐵에苦惡價貴어늘(王氏曰塩言既苦而鐵器又惡故買價貴也苦又音古言鐵器苦窳不好凡病之器曰苦窳音瘐如字讀亦通)或强令民으로買之ᄒᆞ고而船에有筭ᄒᆞ니商者ㅣ少ᄒᆞ고物貴라ᄒᆞ야늘上이由是로不悅卜式이러라(出史平準書)

이해에齊相卜式이御史大夫가되여이에言호ᄃᆡ郡國이不便홈이多ᄒᆞ야縣官이鹽鐵을作ᄒᆞ야苦惡ᄒᆞ고價가貴ᄒᆞ거늘或强히民으로ᄒᆞ여곰買케ᄒᆞ고船에筭이有ᄒᆞ니商者ㅣ少ᄒᆞ고物이貴ᄒᆞ다ᄒᆞ거늘上이이로由ᄒᆞ야卜式을悅치안터라

(新增胡氏)曰武帝好武功而用不足式以此兩端中上意官既尊矣乃始正言以邀名然其言則天下之公論擧朝不言而式獨言之聽者姑取節焉可也

以卜式이不習文章으로貶秩爲太子太傅ᄒᆞ고以見寬으로代爲御

史大夫ᄒᆞ다 以上出漢書本傳

卜式이文章을習치못홈으로써秩을貶ᄒᆞ야太子太傅를숨고兒寬으로써代ᄒᆞ야御史大夫를삼다

贊曰公孫弘卜式兒寬皆以鴻漸之翼困於燕爵遠迹羊豕之間非遇其時焉能致此位乎是時漢興六十餘歲海內乂安府庫充實而四夷未賓制度多闕上方欲用文武求之如弗及始以蒲輪迎枚生見主父而歎息羣士慕嚮異人並出卜式拔於芻牧弘羊擢於賈豎衛青奮於奴僕日磾出於降虜斯亦可曰版築飯牛之朋已漢之得人於茲爲盛儒雅則公孫弘董仲舒兒寬篤行則石建石慶質直則汲黯卜式推賢則韓安國鄭當時定令則趙禹張湯文章則司馬遷相如滑稽則東方朔枚皐應對則嚴助朱買臣曆數則唐都洛下閎叶律則李延年運籌則桑弘羊奉使則張騫蘇武將帥則衛青霍去病受遺則霍光金日磾其餘不可勝紀是以興造功業制度遺文後世莫及

初에司馬相如ㅣ病且死에有遺書ᄒᆞ야頌功德ᄒᆞ고言符瑞ᄒᆞ야勸上封泰山이어늘 泰山在泰安州北三里一曰代宗東岳也在兗州博城西北三十里郭璞云從山下至山頂百四十八里三百步 上이感其言ᄒᆞ야令諸儒로草封禪儀ᄒᆞ니 服虔曰封增土之高歸功于天禪闢廣土地也張晏曰天高不及故爲封禪而祭冀近神靈也瓚曰積土謂負封土於泰山上爲壇而祭之除地爲墠祭於梁父后改爲禪神之也祭尙玄酒而俎魚墠皆廣長十二丈壇高三尺階三等而樹石泰山之上高二丈一尺廣三尺 數年을不成이어늘

初에司馬相如ㅣ病ᄒᆞ고또死홈에遺書가有ᄒᆞ야功德을頌ᄒᆞ고符瑞를言ᄒᆞ야上게勸ᄒᆞ야泰山에封ᄒᆞ라ᄒᆞ엿거늘上이그言을感ᄒᆞ야諸儒로ᄒᆞ여곰封禪의儀를草케ᄒᆞ엿더니數年을成치못ᄒᆞ거늘

上이以問左內史兒寬ᄒᆞᆫ대 對曰封泰山禪梁父ᄒᆞ야 梁父泰山下小山名也因以名縣屬秦山郡一曰梁父在袞州泗水縣北八十里父音甫 昭姓考瑞은 王氏曰昭姓謂昭顯其姓氏也古者必建同姓以明親親必樹異姓以明賢賢瑞玉也即其符合言之曰瑞考瑞謂考校其瑞信即書所謂輯五瑞也按輯五瑞詳見書舜典篇蔡氏傳 帝王之盛節也라 臣은以爲封禪告成ᄒᆞ야 合祛於天地神祇ᄒᆞ니 唯聖王의所由制定其當이오 非羣臣之所能列이라 今將擧大事ᄒᆞᆫ대 優游數年ᄒᆞ야 使羣臣으로 得人人自盡ᄒᆞ니 終莫能成이라 唯天子ᄂᆞᆫ建中和之極ᄒᆞ사 兼總條貫ᄒᆞ야 金聲而玉振之ᄒᆞ시니 王氏曰言振揚德音如金玉之聲也孟子云孔子之謂集大成集大成也者金聲而玉振之也金聲也者始條理也玉振之也者終條理也朱子註金 鐘屬聲宣也如聲罪致討之聲玉磬屬振收也如振河海而不洩之振樂有八音金石爲重特爲衆音之紀綱又金始振而玉終詘然也故並奏八音則於其未作而先擊鏄鍾以宣其聲俟其既闋而後擊特磬以收其韻 以順成天慶ᄒᆞ야 垂萬世之基ᄒᆞ소서

上이乃自制儀ᄒᆞᆫ대 頗采儒術以文之ᄒᆞ다 出寬本傳

上이써左內史兒寬다려問ᄒᆞᆫ대對ᄒᆞ야曰泰山에封ᄒᆞ며梁父에禪ᄒᆞ야姓을昭ᄒᆞ고瑞를考홈은帝王의盛節이라臣은써ᄒᆞ되禪을封ᄒᆞ고成을告ᄒᆞ야祛를天地神祇에合ᄒᆞ니오쟉聖王이말미암어그當을制定ᄒᆞᆫ바이오羣臣의能히列ᄒᆞᆫ바이아니라이제장ᄎᆞᆺ大事를擧호ᄃᆡ 數年을優游ᄒᆞ야群臣으로하여곰人人이스ᄉᆞ로盡홈을得

以玉爲信曰瑞

ᄒᆞ니終에能히成치못ᄒᆞᆯ지라오작天子ᄂᆞᆫ中和의極을建ᄒᆞ샤兼ᄒᆞ야條貫을總ᄒᆞ야金으로聲ᄒᆞ고玉으로振ᄒᆞ시니써天慶을順成ᄒᆞ야萬世의基를垂ᄒᆞ소셔上이이에ᄉᆞᄉᆞ로儀를制ᄒᆞ되자못儒術을采ᄒᆞ야써文ᄒᆞ다

## 漢紀

### 世宗孝武皇帝下

(辛未)元封元年이라詔曰南越東甌ㅣ咸伏其辜ᄒᆞ되西蠻北夷ㅣ頗未輯睦ᄒᆞ니朕이將巡邊陲ᄒᆞ야擇兵振旅ᄒᆞ야躬秉武節ᄒᆞ야置十二部將軍ᄒᆞ고(句絕) 親帥師焉ᄒᆞ리라ᄒᆞ고乃行自雲陽으로北歷上郡西河五原ᄒᆞ야(括地志勝州連谷縣本秦九原郡漢更名五原)北登單于臺ᄒᆞ고至朔方臨北河ᄒᆞ야勒兵十八萬騎ᄒᆞ니旌旗ㅣ經千餘里라威振凶奴러라遣使告單于曰南越王頭를已懸於漢北闕矣니單于ㅣ能戰이어든天子ㅣ自將待邊이요不能이어든亟來臣服ᄒᆞ라何但亾匿幕北寒苦之地爲오凶奴ㅣ讋ᄒᆞ야終不敢出이어늘上이乃還ᄒᆞ다(本紀出)東越王餘善이反이어늘漢兵이擊

(輯)和也
(振)整也
(讋)失氣也

之ᄒᆞᆫ대東越이 殺餘善ᄒᆞ야 以其衆降ᄒᆞ다 上이 以閩地險阻ᄒᆞ야 數反覆ᄒᆞ니 終爲後世患이라ᄒᆞ야 乃徙其民於江淮之間ᄒᆞ고 遂虛其地ᄒᆞ다

元封元年이라詔ᄒᆞ야曰南越과東甌ㅣ다그辜에伏ᄒᆞ다西蠻과北夷ㅣ자못輯睦지안으니朕이장ᄎᆞᆺ邊陲에巡ᄒᆞ야兵을擇ᄒᆞ고旅를振ᄒᆞ야몸소武節을秉ᄒᆞ야十二部將軍을置ᄒᆞ고親히師를帥ᄒᆞ리라ᄒᆞ고이에行ᄒᆞ야雲陽으로브터北으로上郡西河五原을歷ᄒᆞ야北으로單于臺에登ᄒᆞ고朔方에至ᄒᆞ야北河를臨ᄒᆞ야兵十八萬騎를勒ᄒᆞ니旌旗ㅣ千餘里에經ᄒᆞᆫ지라威가匈奴에振ᄒᆞ더라使를遣ᄒᆞ야單于에게告ᄒᆞ야曰南越王頭를임의漢北闕에懸ᄒᆞ엿스니單于ㅣ能히戰ᄒᆞ랴거든天子ㅣᄉᆞ스로將ᄒᆞ고邊에待ᄒᆞᆯ것이오能치못ᄒᆞ거든亟히來ᄒᆞ야臣服ᄒᆞ라웃지다만幕北寒苦ᄒᆞᆫ地에亾匿만ᄒᆞ나뇨匈奴ㅣ讋ᄒᆞ야終히敢히出치못ᄒᆞ니上이이에還ᄒᆞ다東越王餘善이反ᄒᆞ거늘漢兵이擊ᄒᆞᆫᄃᆡ東越이餘善을殺ᄒᆞ고그衆으로써降ᄒᆞ다上이써閩地가險阻ᄒᆞ야자조反覆ᄒᆞ니終에後世患이되겟다ᄒᆞ야이에그民을江淮의間에徙ᄒᆞ고드듸여그地를虛ᄒᆞ다

正月에 上이 行幸緱氏ᄒᆞ야 緱工侯反 禮祭中嶽太室ᄒᆞᆯ서 中岳嵩高山在潁川陽城縣禹貢爲外方蔡氏傳曰地志潁川嵩高縣有嵩高山古文以爲外方山在今西京登封縣括地志嵩高山一名太室山在陽城西北卄三里 從官이 在山下ᄒᆞ야 聞若有言萬歲

者ㅣ二三이라ᄒᆞ야ᄂᆞᆯ 詔加增太室祠ᄒᆞ다 (二句參用本紀文) 上이 遂東巡海上ᄒᆞ야 行禮祠八神ᄒᆞᆯ서 (八神即封禪書所設一天主祠天齊二地主祠泰山梁父三兵主祠蚩尤四陰主祠三山五陽主祠之罘六月主祠之萊七日主祠成山八四時主祠琅琊) 公孫卿이 見大人迹甚大ᄒᆞ고 羣臣이 言見一老夫牽狗라가 忽不見이어ᄂᆞᆯ 上이 以爲仙人也ㅣ라ᄒᆞ야 宿留海上ᄒᆞ고 (宿先就反留力就反謂有所須待也) 還封禪ᄒᆞ니 其封禪祠에 夜若有光ᄒᆞ고 晝有白雲이 出封中이러라 (封用五色土盖雜封之白雲出其中此瑞也) 天子ㅣ 還이어ᄂᆞᆯ 羣臣이 上壽ᄒᆞ야 頌功德ᄒᆞ다 天子ㅣ 旣已封泰山ᄒᆞ니 無風雨라 而方士ㅣ 更言蓬萊諸神을 若將可得이어ᄂᆞᆯ 於是에 上이 欣然庶幾遇之ᄒᆞ야 復至海上ᄒᆞ야 望焉이러라 (出史記封禪書)

正月에 上이 緱氏에 行幸ᄒᆞ야 中嶽太室에 禮祭ᄒᆞᆯ서 從官이 山下에 在ᄒᆞ야 萬歲를 言ᄒᆞ는 者ㅣ 세 번이 有홈갓홈을 聞ᄒᆞ엿다 ᄒᆞ거ᄂᆞᆯ 詔ᄒᆞ야 太室祠를 加增ᄒᆞ다 上이 드듸여 東으로 海上에 巡ᄒᆞ야 禮로 八神에 祠홈을 行ᄒᆞᆯ서 公孫卿이 大人의 迹이 심히 大홈을 見ᄒᆞ고 群臣이 言호ᄃᆡ 一老夫ㅣ 狗를 牽홈을 見ᄒᆞ엿다가 忽히 見치 안는다 ᄒᆞ거ᄂᆞᆯ 上이 써 ᄒᆞ되 仙人이라 ᄒᆞ야 海上에 宿留ᄒᆞ고 還ᄒᆞ야 禪을 封ᄒᆞ니 그 封禪ᄒᆞᆫ 祠에 夜에 光이 有홈갓고 晝에 白雲이 有ᄒᆞ야 封中에 出ᄒᆞ더라 天子ㅣ 還ᄒᆞ거ᄂᆞᆯ 羣臣이 壽를 上

ᄒᆞ야功德을頌ᄒᆞ다天子ㅣ임의泰山을封ᄒᆞ니風雨ㅣ無ᄒᆞᆫ지라方士ㅣ다시말ᄒᆞ되蓬萊諸神을장ᄎᆞᆺ可히得ᄒᆞᆯ것갓다ᄒᆞ거ᄂᆞᆯ이에上이欣然히거의遇ᄒᆞᆯ가ᄒᆞ야다시海上에至ᄒᆞ야望ᄒᆞ더라

上이欲自浮海ᄒᆞ야求蓬萊어ᄂᆞᆯ東方朔이曰陛下ㅣ第還宮ᄒᆞ샤靜處以須之ᄒᆞ시면仙人이將自至ᄒᆞ리이다乃止ᄒᆞ고遂去並海上ᄒᆞ야北至碣石ᄒᆞ고巡自遼西ᄒᆞ야歷北邊至九原ᄒᆞ고五月에至甘泉ᄒᆞ니凡周行이萬八千里云이러라

上이스ᄉᆞ로海에浮ᄒᆞ야蓬萊를求코져ᄒᆞ거ᄂᆞᆯ東方朔이曰陛下ㅣ곳宮에還ᄒᆞ샤靜處ᄒᆞ야써須ᄒᆞ시면仙人이장ᄎᆞᆺ스ᄉᆞ로至ᄒᆞ리이다이에止ᄒᆞ고드듸여去ᄒᆞ야海上을並ᄒᆞ야北으로碣石에至ᄒᆞ고巡ᄒᆞ야遼西로自ᄒᆞ야北邊을歷ᄒᆞ야九原에至ᄒᆞ고五月에甘泉에至ᄒᆞ니무릇周行이万八千里라云ᄒᆞ더라

先是에桑弘羊이領大農ᄒᆞ야盡管天下鹽鐵ᄒᆞ야作平準之法ᄒᆞᆯ서令ᄒᆞ고 相灌輸謂以其土地所有者轉輸於所無之地互相灌注互相輸送輸者既便而官有利 遠方으로各以其物로如異時商賈所轉販者ᄒᆞ야爲賦而相灌輸ᄒᆞ고置平準于京師ᄒᆞ야 平準官名也屬大農有令丞 都受天下委輸ᄒᆞ고 委輸並去聲委積輸轉也謂輸送委積者 盡籠天下之貨物ᄒᆞ야貴即賣之ᄒᆞ고賤則買

之ᄒᆞ야欲使富商大賈로無所牟大利而萬物이不得騰踊이러니至是에天子ㅣ巡狩郡縣ᄒᆞᆯ시所過에賞賜用帛이百餘萬匹이요錢金이以巨萬計로되皆取足大農이러라

先是에桑弘羊이大農을領ᄒᆞ야다天下鹽鐵을管ᄒᆞ야平準의法을作ᄒᆞᆯ시遠方으로ᄒᆞ여곰각각그物로써異時商賈의轉販ᄒᆞᆫ밧者와如히ᄒᆞ야賦를ᄒᆞ고서로灌輸ᄒᆞ고平準을京師에置ᄒᆞ야모다天下의委輸를受ᄒᆞ야다天下의貨物을籠ᄒᆞ야貴ᄒᆞᆫ즉賣ᄒᆞ고賤ᄒᆞᆫ則買ᄒᆞ야富商과大賈로ᄒᆞ야곰大利를牟ᄒᆞᆯ바이업게ᄒᆞ고万物로시러곰騰踊치못ᄒᆞ게ᄒᆞ고져ᄒᆞ더니是에至ᄒᆞ야天子ㅣ郡縣에巡狩ᄒᆞᆯ시過ᄒᆞ는바에賞賜ᄒᆞᆫ用帛이百餘万匹이오錢金이巨萬으로써計호되다大農에取ᄒᆞ야足ᄒᆞ더라

弘羊이又請令吏로得入粟補官ᄒᆞ고及罪人은贖罪ᄒᆞ니山東漕粟이益歲六百萬石이라一歲之中에太倉甘泉倉이滿ᄒᆞ고邊餘穀ᄒᆞ며諸物均輸帛이五百萬匹이라民不益賦而天下用饒어늘於是에弘羊을賜爵左庶長ᄒᆞ다是時에小旱이어늘上이令官求雨ᄒᆞᆫ대卜式이言曰縣官이當食租衣稅而已어늘今弘羊이令吏로坐市列肆ᄒᆞ야

**販物求利ᄒᆞ니 烹弘羊이라야 天이 乃雨ᄒᆞ리이다** (出史平準書)

弘羊이ᄯᅩ請ᄒᆞ야吏로ᄒᆞ여곰시러곰粟을入ᄒᆞ야官을補ᄒᆞ고밋罪人은罪를贖ᄒᆞ니山東漕粟이歲에六百萬石이益ᄒᆞ야 一歲의中에太倉과甘泉倉이滿ᄒᆞ고邊에穀이餘ᄒᆞ며諸物均輸帛이五百萬匹이라民이賦를益치아니호ᄃᆡ天下ㅣ用이饒ᄒᆞ거ᄂᆞᆯ이에弘羊을爵左庶長을賜ᄒᆞ다이ᄯᅢ에小히旱ᄒᆞ거ᄂᆞᆯ上이官으로ᄒᆞ여곰雨를求ᄒᆞᆫ대卜式이言ᄒᆞ여曰縣官이맛당이租를食ᄒᆞ고稅를衣ᄒᆞᆯ다ᄅᆞᆷ이거ᄂᆞᆯ今에弘羊이吏로ᄒᆞ여곰市에坐ᄒᆞ야肆를列ᄒᆞ고物을販ᄒᆞ야利를求ᄒᆞ니弘羊을烹ᄒᆞ여야天이이에雨ᄒᆞ리이다

(新增尹氏)曰弘羊一賈人子爾以言利得幸至於賜爵豈非以其善理財歟然弘羊非能取其家之貲以助國也又非能神運鬼輸以生財也不過假權勢以漁奪民財而已善乎我朝司馬公光對神祖之言曰天之所生財貨百物止有此數不在民則在官譬如雨澤夏澇則秋旱不加賦而上用足不過設法陰奪民利其害甚於加賦此桑弘羊欺武帝之言太史書之以見武帝之不明爾至其末年盜賊蜂起幾至於亂若武帝不悔昭帝不變法則漢幾亾嗚呼此言眞萬世之藥石也故愚因賜爵之事備載司馬公言爲萬世法

**(壬申)二年이라 上이 以旱爲憂어늘 公孫卿이 曰黃帝時에 封則天旱ᄒᆞ야 乾封三年ᄒᆞ니이다 上이 乃下詔ᄒᆞ야 曰天旱은 意乾封乎ᄂᆞᆫ뎌** (出封禪書蘇林曰天旱之意其欲新封之土乾燥乎)

二年이라上이旱으로써憂를ᄒᆞ니公孫卿이曰黃帝時에封ᄒᆞᆫ則天이旱ᄒᆞ야封을三年을乾ᄒᆞ엿ᄂᆞ이다上이이에詔를下ᄒᆞ야曰天이旱ᄒᆞᆷ은意컨ᄃᆡ封을乾ᄒᆞᆷ인저

(癸酉)三年이라將軍趙破奴ㅣ擊車師ᄒᆞ고因擧兵威ᄒᆞ야以困烏孫大宛之屬ᄒᆞ니於是에酒泉에列亭障ᄒᆞ야至玉門矣러라 障之向反

三年이라將軍趙破奴ㅣ車師를擊ᄒᆞ고因ᄒᆞ야兵威를擧ᄒᆞ야써烏孫과大宛의屬을困케ᄒᆞ니이에酒泉에亭障을列ᄒᆞ야玉門에至ᄒᆞ엿더라

(乙亥)五年이라上이既攘卻胡越ᄒᆞ고開地斥境ᄒᆞ야乃置交趾朔方之州와及冀幽幷兗徐靑楊荆豫益凉等州凡十三部ᄒᆞ고皆置刺史焉ᄒᆞ다 出地理志 上이以名臣文武ㅣ欲盡이라ᄒᆞ야乃下詔曰蓋有非常之功인ᄃᆡ必待非常之人이라故로馬有奔踶而致千里ᄒᆞ며 王氏曰踶徒計反踶也乘之則奔立則踶人或可日行千里不可以小疵棄之 士或有負俗之累而立功名ᄒᆞ니 王氏曰負俗被世譏論也或可與共立功名不可以微累舍之 夫泛駕之馬와 泛方男反覆也字本作西乏顔延年之賦馬無覂駕之軼師古曰言馬有逸氣而不循軌轍 跅弛之士도 跅士各反弛式爾反跅者跅落無撿局弛者弛廢不遵禮度 亦在御之而已라其令州郡으로察吏民有茂材異等

ᄒᆞ야可爲將相과及使絶國者ᄒᆞ라 出本紀

五年이라上이임의胡越을攘卻ᄒᆞ고地를開ᄒᆞ고境을斥ᄒᆞ야이에交趾朔方의州와밋冀幽幷兗徐靑楊荊豫益凉等州凡十三部를置ᄒᆞ고다刺史를두다上이써名臣文武ㅣ盡코져ᄒᆞ다ᄒᆞ야이에詔를下ᄒᆞ야曰대개非常의功이有ᄒᆞ면반다시非常의人을待ᄒᆞᄂᆞᆫ지라故로馬가或犇踶호ᄃᆡ千里를致ᄒᆞ며士가或負俗의累가有호ᄃᆡ功名을立ᄒᆞᄂᆞ니무릇泛駕의馬와跅弛의士ㅣ라도ᄯᅩ御ᄒᆞᆷ에在ᄒᆞᆯᄯᆞ름이라그州郡으로하여곰吏民의茂材異等이有ᄒᆞ야可히將相과밋絶國에使ᄒᆞᆯ者될을察ᄒᆞ라

(丁丑)太初元年이라太中大夫公孫卿과壺遂와太史令司馬遷等이言曆紀壞廢ᄒᆞ니宜改正朔이니이다上이詔兒寬ᄒᆞ야與博士賜等으로共議ᄒᆞ니以爲宜用夏正이어늘 王氏曰語云行夏之時朱子註曰夏時謂以斗杓初昏建寅之月爲歲首也云云蓋取其時之正與其令之善也 夏五月에詔卿遂遷等ᄒᆞ야共造漢太初曆ᄒᆞ야 出律曆志 以正月로爲歲首ᄒᆞ고色上黃ᄒᆞ고數用五ᄒᆞ고 五土數也漢據土德故用五嬪土虞子曰漢武造太初曆數用五注數用五謂印文也若丞相曰丞相之印章諸卿及守相印文不足五字者皆以之字足之 定官名ᄒᆞ고協音律ᄒᆞ다 出本紀

太初元年이라太中大夫公孫卿과壺遂와太史令司馬遷等이言ᄒᆞ되曆紀가壞廢ᄒᆞ니宜히正朔을改홀지니이다上이兒寬에게詔ᄒᆞ야博士賜等으로더부러共議ᄒᆞ니써ᄒᆞ되夏正을用홈이宜ᄒᆞ다하거늘夏五月에卿과遂와遷等에게詔ᄒᆞ야共히漢太初曆을造ᄒᆞ야正月로써歲首를삼고色은黃을上ᄒᆞ고數ᄂᆞᆫ五를用ᄒᆞ고官名을定ᄒᆞ고音律을協ᄒᆞ다

(新增尹氏)曰聖門四代禮樂必以夏時爲先此固百世不可易之法也自秦人始用十月漢興因而不改甚失建正之義至是治曆明時始正月爲歲首然後百年之繆一旦始革武帝紛紛制作獨此最爲有得也

**漢使ㅣ入西域言호대 宛有善馬ᄒᆞ야 在貳師城호ᄃᆡ**(貳師城在大宛國其地多善馬) **匿不肯與漢이라ᄒᆞ야늘 天子ㅣ欲侯寵姬李氏ᄒᆞ야 乃拜李夫人兄廣利ᄒᆞ야 爲貳師將軍ᄒᆞ야 以伐宛ᄒᆞ니 期至貳師城ᄒᆞ야 取善馬故로 號를 貳師將軍이라ᄒᆞ다**

漢使ㅣ西域에入ᄒᆞ야言호ᄃᆡ宛에善馬ㅣ有ᄒᆞ야貳師城에在호대匿ᄒᆞ고漢에與키肯치안는다ᄒᆞ거늘天子ㅣ寵姬李氏를侯코져ᄒᆞ야이에李夫人兄廣利를拜ᄒᆞ야貳師將軍을삼어써宛을伐ᄒᆞ니貳師城에至ᄒᆞ야善馬를取홈을期ᄒᆞᆫ故로號를貳師將軍이라ᄒᆞ다

(司馬溫公)曰武帝欲侯寵姬而使廣利將意以爲非有功不侯不欲負高帝之約也然軍旅大事國之安危民之死生繫焉苟爲不擇賢愚而授之欲徼幸咫尺之功藉以爲名而私其所愛蓋有見於封國無見於置將謂之能守

(比)頻也

先帝之約過矣

(戊寅)二年이라 太傅公孫賀로爲丞相ᄒ다時에朝廷이多事ᄒ야督責
大臣ᄒ니自公孫弘後로丞相이 比坐事死ᄒ고 石慶이 雖以謹으로得
終이나然이나數被譴이라賀ㅣ引拜에 不受印綬ᄒ고頓首涕泣ᄒ야不肯起
어늘上이 乃起去ᄒ니賀ㅣ不得已ᄒ야拜出曰我ㅣ 從是殆矣라ᄒ더라 (出本傳)

二年이라太傅公孫賀로丞相이숨다時에朝廷이事가多ᄒ야大臣을督責ᄒ니公孫
弘後로브터丞相이ᄌ조事에坐ᄒ야死ᄒ고石慶이비록謹으로써終을得ᄒ엿스나
然이나자조譴을被ᄒ엿더라賀을引ᄒ야拜홈에印綬를受치안코首를頓ᄒ고涕泣
ᄒ야肯ᄒ야起치안커늘上이이에起去ᄒ니賀ㅣ不得已ᄒ야拜ᄒ고出ᄒ야曰我ㅣ
是로從 야殆ᄒ겟다ᄒ더라

(己卯)三年이라睢陽侯(睢音雖) 張昌이 坐爲太常之祠ᄒ야 國除ᄒ다初에
高祖ㅣ封功臣ᄒ야爲列侯ㅣ百四十有三人이러니 時에兵革之餘라
大城名都에民人이散亾ᄒ야戶口ㅣ裁什에二三이라大侯는 不過萬

家오小者은五六百戶러라 其封爵之誓에 曰使黃河로 如帶ᄒᆞ고 泰山이若礪로록國以永存ᄒᆞ야爰及苗裔라ᄒᆞ더니 逮文景世ᄒᆞ야流民이既歸ᄒᆞ고戶口ㅣ亦息ᄒᆞ니列侯大者는 至三四萬戶ᄒᆞ고 小國은自倍ᄒᆞ야富厚如之ᄒᆞ니子孫이驕逸ᄒᆞ야多抵法禁ᄒᆞ야 隕身失國ᄒᆞ니至是에見侯ㅣ纔四人이요罔亦少密焉이러라

出漢書高惠功臣表罔亦少密言禁防如罔之密

三年이라睢陽侯服昌이太常이되여乏祠ᄒᆞᆷ에坐ᄒᆞ야國을除ᄒᆞ다初에高祖ㅣ功臣을封ᄒᆞ야列侯를ᄉᆞᆷ음이百四十三人이러니時가兵革의餘라大城名都에民人이散亾ᄒᆞ야戶口ㅣ什에二三을裁ᄒᆞᄂᆞᆫ지라大侯ᄂᆞᆫ萬家에過치안코小ᄒᆞᆫ者ᄂᆞᆫ五六百戶러라그封爵의誓에曰黃河로하여곰帶와갓고泰山이ᄉᆞᆺ돌갓도록國이써永히存ᄒᆞ야이에苗裔에及ᄒᆞ다ᄒᆞ더니文景世에逮ᄒᆞ야流民이임의歸ᄒᆞ고戶口ㅣ또息ᄒᆞ니列侯大ᄒᆞᆫ者ᄂᆞᆫ三四萬戶에至ᄒᆞ고小國은스ᄉᆞ로倍ᄒᆞ야富厚ㅣ如ᄒᆞ니子孫이驕逸ᄒᆞ야多히法禁에抵ᄒᆞ야身을隕ᄒᆞ고國을失ᄒᆞ니是에至ᄒᆞ야見侯ㅣ겨우四人이오罔이또적이密ᄒᆞ더라

貳師ㅣ西行至宛ᄒᆞ야 圍其城ᄒᆞ니宛貴人이持王毋寡頭ᄒᆞ고出善馬

(毋寡)宛王名

ᄒᆞ야令漢自擇이어늘 乃下詔ᄒᆞ야封李廣利爲海西侯ᄒᆞ다 出李廣利傳

貳師ㅣ西으로行ᄒᆞ야宛에至ᄒᆞ야그城을圍ᄒᆞᆫ대宛貴人이王毋寡頭를持ᄒᆞ고善馬를出ᄒᆞ야漢으로하여곰스ᄉᆞ로擇게ᄒᆞ거늘이에詔를下ᄒᆞ야李廣利를封ᄒᆞ야海西侯를숨다

自大宛破後로西域이震懼ᄒᆞ야漢使ㅣ入西域者ㅣ益得職이라於是에自燉煌으로西至塩澤에往往起亭而輪臺渠犂에皆有田卒數百人ᄒᆞ고置使者校尉ᄒᆞ야領護ᄒᆞ다 出西域傳

大宛破ᄒᆞᆫ後로브터西域이震ᄒᆞ고懼ᄒᆞ야漢使ㅣ西域에入ᄒᆞᄂᆞᆫ者ㅣ더욱職을得ᄒᆞ더라이에燉煌으로부터西으로鹽澤에至ᄒᆞ기往々히亭을起ᄒᆞ고輪臺와渠犂에다田卒數百人을두고使者와校尉를置ᄒᆞ야領護ᄒᆞ다

天子ㅣ因伐宛之威ᄒᆞ야欲遂困胡ᄒᆞ야下詔曰高帝ㅣ遺朕平城之憂ᄒᆞ시고 高帝七年擊匈奴初圍平城 高后時에單于ㅣ書絶悖逆이라昔에齊襄公이復九世之讎ᄒᆞ니春秋에大之ᄒᆞ니라 公羊傳莊四年齊襄公滅紀復讎也何讐爾遠祖也哀公亨乎周紀侯譖之以襄公之爲於此焉者事祖禰之心盡矣遠祖者幾世乎九世矣九世猶可以復讎乎雖百世可也先君之耻猶今君之耻也 時에單于ㅣ初立이라恐漢襲之ᄒᆞ야乃曰我

는兒子ㅣ니 安敢望漢天子리오 漢天子는 我丈人行也라ᄒᆞ고 (丈人尊老之稱行胡浪反輩行也)
因盡歸路充國等ᄒᆞ고 遣使來獻ᄒᆞ다 (出匈奴傳)

天子ㅣ宛을伐ᄒᆞᆫ威를因ᄒᆞ야드대여胡를困케ᄒᆞ고져ᄒᆞ야詔를下ᄒᆞ야日高帝ㅣ朕에게平城의憂를遺ᄒᆞ시고高后時에單于ㅣ書가絶히悖逆ᄒᆞᆫ지라昔에齊襄公이九世의讎를復ᄒᆞ니春秋에大타ᄒᆞ니라時에單于ㅣ初로立ᄒᆞᆫ지라漢이襲ᄒᆞᆯ가恐ᄒᆞ야이에日我ᄂᆞᆫ兒子ㅣ니읏지敢히漢天子를望ᄒᆞ리오漢天子ᄂᆞᆫ我의丈人行이라ᄒᆞ고因ᄒᆞ야路充國等을盡歸ᄒᆞ고使를遣ᄒᆞ야와셔獻ᄒᆞ다

(辛巳)天漢元年이라 遣中郞將蘇武張勝常惠ᄒᆞ야 使匈奴ᄒᆞᆫ대 單于ㅣ使衛律로 召武欲降之어늘 (衛律者漢人因使匈奴遂降) 律이 謂武曰律이 前에 負漢歸匈奴러니 幸蒙大恩ᄒᆞ야 賜號稱王ᄒᆞ니 擁衆이 數萬이오 馬畜이 彌山ᄒᆞ야 四貴ㅣ 如此라 蘇君이 今日降이면 明日에 復然이니 空以身으로 膏草野면 誰復知之리오

天漢元年이라中郞將蘇武와張勝常惠를遣ᄒᆞ야匈奴에게使ᄒᆞᆫ대單于ㅣ衛律로ᄒᆞ여곰武를召ᄒᆞ야降케ᄒᆞ고져ᄒᆞ거ᄂᆞᆯ律이武다려謂ᄒᆞ야日律이前에漢을負ᄒᆞ고匈

奴에게歸ᄒᆞ엿더니幸히大恩을蒙ᄒᆞ야號를賜ᄒᆞ야王이라稱ᄒᆞ니擁ᄒᆞᆫ衆이數万이오馬畜이山에彌ᄒᆞ야富貴홈이이갓흔지라蘇君이오날降ᄒᆞ면明日에다시그러ᄒᆞ리니空히身으로써草野에膏ᄒᆞ면누가다시知ᄒᆞ리오

武不應이어늘律이曰不聽吾計면後雖欲復見我나尙可得乎아武罵律曰汝ㅣ爲人臣子ᄒᆞ야不顧恩義ᄒᆞ고畔主背親ᄒᆞ야爲降虜於蠻夷ᄒᆞ니何以汝로爲見이리오律이知武終不可脅ᄒᆞ고白單于ᄒᆞᆫ대單于ㅣ乃幽武置大窖中ᄒᆞ고(窖江孝反藏也王氏曰大窖謂藏米粟之地藏而空也)絶不飮食이러니(飮於禁反食音嗣)天이雨雪에武臥齧雪(齧魚結反)與旃毛ᄒᆞ야幷咽之ᄒᆞ니(咽音宴呑也)數日不死라凶奴ㅣ以爲神이라ᄒᆞ야乃徙武北海上ᄒᆞ고(北海即上海也凶奴中地)使牧羝(丁奚反牡羊也)曰羝乳라야乃得歸라ᄒᆞ고(王氏曰乳去聲育也羝不當乳而云乳言其必無歸日也戰國燕太子丹質於秦言烏頭白馬生角乃得歸即此)別其官屬常惠等ᄒᆞ야各置他所ᄒᆞ다

武ㅣ應치아니ᄒᆞ니律이曰吾計를聽치아니ᄒᆞ면비록다시我를見코져ᄒᆞ나오히려可히得ᄒᆞ랴武ㅣ律을罵ᄒᆞ여曰汝ㅣ人의臣子가되여恩과義를顧치안코主를畔ᄒᆞ고親을背ᄒᆞ야蠻夷에게降虜ㅣ되엿스니엇지汝를見ᄒᆞ리오律이武를終히可히脅

치못홀줄知ᄒᆞ고單于에게白ᄒᆞᆫ대單于ㅣ이에武를幽ᄒᆞ야大害中에置ᄒᆞ고絶코飮食치아니ᄒᆞ엿더니天이雨雪ᄒᆞᆷ에武ㅣ臥ᄒᆞ야雪과다못旃毛를齧ᄒᆞ야並히咽ᄒᆞ니數日을死치안은지라匈奴ㅣ써神ᄒᆞ다ᄒᆞ야이에武를北海上에徙ᄒᆞ고하여곰羝를牧케ᄒᆞ야曰羝가乳ᄒᆞ여야이에歸ᄒᆞᆷ을得ᄒᆞ리라ᄒᆞ고그官屬常惠의等을別ᄒᆞ야各히他所에置ᄒᆞ다

(壬午)二年이라初에李廣이有孫陵ᄒᆞ야爲侍中ᄒᆞ니善騎射ᄒᆞ고愛人下士라帝ㅣ以爲有廣之風이라ᄒᆞ야拜騎都尉러니貳師ㅣ擊匈奴에陵이自請曰臣의所將屯邊者는皆荊楚勇士奇材劒客也라力扼虎射命中ᄒᆞ니願自當一隊ᄒᆞ야以少擊衆ᄒᆞ리이다上이壯而許之ᄒᆞ니於是에將其步卒五千人ᄒᆞ고至浚稽山ᄒᆞ야與單于로相擊殺數千人ᄒᆞᆫ대單于ㅣ大驚不利ᄒᆞ야欲去러니會에陵의軍候管敢이爲校尉所辱ᄒᆞ야亡降匈奴ᄒᆞ야具言陵軍이無後救ᄒᆞ고射矢且盡이라ᄒᆞᆫ대單于ㅣ得敢大喜ᄒᆞ야使騎로並攻漢軍ᄒᆞ고疾呼曰李陵韓延年은趣降

(李廣 廣利弟也)

(軍候管敢) 凡領軍皆有部曲部有校尉部下有曲曲有軍候一人管敢姓名

ᄒᆞ라遂遮道急攻陵ᄒᆞ니陵은居谷中ᄒᆞ고虜ᄂᆞᆫ在山上이라四面射矢ㅣ如雨下ᄒᆞ니韓延年이戰死어ᄂᆞᆯ陵이曰無面目報陛下라ᄒᆞ고遂降ᄒᆞ니邊塞ㅣ以聞이어ᄂᆞᆯ

二年이라初에李廣이孫陵이잇셔侍中이되니騎射를善히ᄒᆞ고人을愛ᄒᆞ고士를下ᄒᆞᄂᆞᆫ지라帝ㅣ써ᄒᆞ되廣의風이잇다ᄒᆞ야騎都尉를拜ᄒᆞ엿더니貳師ㅣ匈奴를擊ᄒᆞᆯᄉᆡ陵이自請ᄒᆞ야曰臣의屯邊에將ᄒᆞᆫ바人者ᄂᆞᆫ다荊楚의勇士奇材劍客이라力이虎를扼ᄒᆞ고命中을射ᄒᆞ니願컨ᄃᆡ시러곰ᄉᆞᄉᆞ로一隊를當ᄒᆞ야少로써衆을擊ᄒᆞ게노이다上이壯타ᄒᆞ야許ᄒᆞ니이에그步卒五千人을將ᄒᆞ고浚稽山에至ᄒᆞ야單于로더브러相擊ᄒᆞ야數千人을殺ᄒᆞᆫ대單于ㅣ크게놀나利치못ᄒᆞ야去코져ᄒᆞ더니會에陵의軍候管敢이校尉에게辱ᄒᆞᆫ바가되여亡ᄒᆞ야匈奴에게降ᄒᆞ야갓초어言ᄒᆞᄃᆡ陵軍이後救가업고射矢가ᄯᅩ다ᄒᆞ엿다ᄒᆞᆫ대單于ㅣ敢을得ᄒᆞ고크게喜ᄒᆞ야騎로하여곰並ᄒᆞ여漢軍을攻ᄒᆞ고疾呼ᄒᆞ여曰李陵과韓延年은쌜니降ᄒᆞ라드대여道를遮ᄒᆞ고急히陵을攻ᄒᆞ니陵은谷中에居ᄒᆞ고虜ᄂᆞᆫ山上에在ᄒᆞᆫ지라四面에射ᄒᆞᄂᆞᆫ矢가雨갓치下ᄒᆞ니韓延年이戰死ᄒᆞ거ᄂᆞᆯ陵이曰陛下에게報ᄒᆞᆯ面目이업다ᄒᆞ고드대여降ᄒᆞ니邊塞ㅣ써聞ᄒᆞ거ᄂᆞᆯ

上이怒ᄒᆞ야問太史令司馬遷ᄒᆞᆫ대遷이盛言陵이事親孝ᄒᆞ고與士信ᄒᆞ고常奮不顧身ᄒᆞ야以徇國家之急이其素所蓄積也라有國士之風이러니今擧事一不幸에全軀保妻子之臣이隨而媒孼其短ᄒᆞ니媒猶酵糵麯也喩釀成其罪也誠可痛也라且陵이提步卒이不滿五千이로대深蹂戎馬之地ᄒᆞ야蹂人久反却數萬之師ᄒᆞ니虜ㅣ救死扶傷을不暇ᄒᆞ야悉擧引弓之民ᄒᆞ야共攻圍之어늘轉鬪千里에矢盡道窮ᄒᆞ되士張空弮ᄒᆞ고弮丘權反言陵時矢盡故張弩之空弓漢書作拳蓋拳則屈指不當言張冒白刃ᄒᆞ야北首爭死敵ᄒᆞ니首去聲向也謂北向爭致死命於敵也得人之死力은雖古名將이라도不過也라身雖陷敗나然이나其所摧敗ㅣ亦足暴於天下ㅣ니王氏曰暴音僕言己足以暴露其功於天下也彼之不死는宜欲得當以報漢也ㅣ니다言彼之所以不盡死節而降匈奴者意欲立功以報漢受其罪也上이以遷爲誣罔ᄒᆞ야欲沮貳師ᄒᆞ고爲陵游說이라ᄒᆞ야下遷腐刑ᄒᆞ다出陵本傳

上이怒ᄒᆞ야太史令司馬遷에게問ᄒᆞᆫ대遷이盛이言ᄒᆞ되陵이親을事ᄒᆞᆷ이孝ᄒᆞ고士로더브러信ᄒᆞ고일즉奮ᄒᆞ야身을顧치아니ᄒᆞ야써國家의急을徇ᄒᆞᆷ이그본대蓄積

ᄒᆞᆫ바라國士의風이有ᄒᆞ더니이제事를擧ᄒᆞ야한번幸치못홈의軀를全ᄒᆞ고妻子를保홀臣이隨ᄒᆞ야그短을媒蘖ᄒᆞ니진실로可히痛ᄒᆞ노이다또陵이提ᄒᆞᆫ步卒이五千에滿치못ᄒᆞ되深히戎馬의地를蹂ᄒᆞ야數萬의師를却ᄒᆞ니虜ㅣ死를救ᄒᆞ고傷을扶홈을暇치못ᄒᆞ야다弓을引ᄒᆞᆫ民을擧ᄒᆞ야共히攻圍ᄒᆞ거늘轉ᄒᆞ야千里에鬪홈에矢가盡ᄒᆞ고道가窮ᄒᆞ되士가空拳을張ᄒᆞ고白刃을冒ᄒᆞ야北으로首ᄒᆞ야닷토어敵에死ᄒᆞ니人의死力을得홈은비록古의名將이라도過치안을지라身이비록陷敗ᄒᆞ엿스나그摧敗ᄒᆞᆫ바ㅣ또足히天下에暴홀만ᄒᆞ니彼의死치아님은맛당히當을得ᄒᆞ야써漢을報코져홈이니이다上이遷으로써誣罔ᄒᆞ야貳師를沮ᄒᆞ고陵을위ᄒᆞ야游說코져ᄒᆞᆫ다ᄒᆞ야遷을下ᄒᆞ야腐刑ᄒᆞ다

(司馬遷傳)曰初遷父談爲太史公卒遷爲太史令十年遭李陵之禍乃述陶唐以來迄于麟止變春秋編年爲本紀爲表爲八書爲世家爲列傳自黃帝始遷死後其書始出宣帝時其書遂宣布焉○(班固)贊曰自古書契之作而有史官其載籍博矣故司馬遷據左氏國語采世本戰國策述楚漢春秋接其後事迄于天漢其言秦漢詳矣至於采經摭傳分散數家之事甚多疏畧或有牴牾亦其涉獵者廣博貫穿經傳馳騁古今上下數千載間斯以勤矣又其是非頗謬於聖人論大道則先黃老而後六經序遊俠則退處士而進奸雄述貨殖則崇勢利而羞貧賤此其所蔽也然自劉向楊雄博極羣書皆稱遷有良史之材服其善序事理辯而不華質而不俚其文直事核不羨美不隱惡故謂之實錄嗚呼以遷之博物治聞而不能以知自全既陷極刑幽而發憤書亦信矣迹其所自傷悼小雅巷伯之倫夫惟大雅既明且哲以保其身難矣哉

上이以法制御下ᄒᆞ야好尊用酷吏ᄒᆞ니而郡國二千石爲治者ㅣ大抵多酷暴吏라民益輕犯法ᄒᆞ고東方에盜賊이滋起ᄒᆞ야大羣은

攻城邑ᄒᆞ고 小羣은 掠鄕里어늘 上이 乃使范昆張德等으로 衣繡衣持節虎符ᄒᆞ고 發兵以擊斬ᄒᆞ야 或至萬餘級ᄒᆞ대 散亡이 聚黨ᄒᆞ야 無可奈何라 於是에 作沈命法ᄒᆞ야 (沈藏匿命亡兆服虔曰沈匿不發覺之法也韋昭曰沈沒也敢蔽匿盜賊者沒其命) 曰群盜ㅣ 起에 不發覺이어나 發覺而捕不滿品者는 二千石以下로 至小吏히 主者ㅣ 皆死라ᄒᆞ니 其後에 小吏ㅣ 畏誅ᄒᆞ야 雖有盜나 不敢發ᄒᆞ고 上下ㅣ 相匿ᄒᆞ야 以文辭로 避法焉이러라 (酷吏傳文小異詐爲虛文云無盜賊)

上이法制로써下를御ᄒᆞ야酷吏를尊用ᄒᆞ니郡國二千石治ᄒᆞᄂᆞᆫ者ㅣ大抵酷暴ᄒᆞᆫ吏가多ᄒᆞᆫ지라民이더욱輕히法을犯ᄒᆞ고東方에盜賊이滋起ᄒᆞ야大羣은城邑을攻ᄒᆞ고小羣은鄕里를掠ᄒᆞ거늘上이이에范昆과張德의等으로하여곰繡衣를衣ᄒᆞ고節과虎符를持ᄒᆞ고兵을發ᄒᆞ야써擊斬ᄒᆞ야或萬餘級에至ᄒᆞ대散亡이聚黨ᄒᆞ야可히웃지ᄒᆞᆯ슈업ᄂᆞᆫ지라이에沈命法을作ᄒᆞ야曰羣盜ㅣ起에發覺치아니ᄒᆞ거나發覺ᄒᆞ고捕가品에不滿ᄒᆞᆫ者ᄂᆞᆫ二千石以下로小吏에至히主者ㅣ다死라ᄒᆞ니其後에小吏ㅣ誅를畏ᄒᆞ야비록盜가有ᄒᆞ나敢히發치못ᄒᆞ고上下ㅣ相匿ᄒᆞ야文辭로써法을避ᄒᆞ더라

是時에 暴勝之ㅣ 爲直指使者ᄒᆞ야 所誅殺二千石以下ㅣ 尤多라

暴姓也公子字也

威振州郡이러니 至渤海ᄒᆞ야 聞郡人雋不疑賢ᄒᆞ고(雋字徂兗反) 請與相見ᄒᆞᆫ대
不疑ㅣ 曰竊伏海瀕ᄒᆞ야(瀕音頻) 聞暴公子ㅣ 久矣러니 今乃承顏接辭로다
凡爲吏에 太剛則折ᄒᆞ고 太柔則廢ᄒᆞᄂᆞ니 威行이어든 施之以恩然後에
樹功揚名ᄒᆞ야 永終天祿ᄒᆞ리라 勝之深納其戒러니 及還에 表薦不疑
ᄒᆞ어늘 上이 召拜不疑ᄒᆞ야 爲靑州刺史ᄒᆞ다(出不疑本傳)

이ᄯᅢ에暴勝之ㅣ直指使者가되야誅殺ᄒᆞᆫ바二千石以下ㅣ더욱多ᄒᆞᆫ지라威가州郡에振ᄒᆞ더니勃海에至ᄒᆞ야郡人雋不疑의賢ᄒᆞᆷ을듯고더부러서로見ᄒᆞᆷ을請ᄒᆞᆫ대不疑ㅣ曰竊히海瀕에伏ᄒᆞ야暴公子를듯기舊ᄒᆞ엿더니今에이에顏을承ᄒᆞ고辭를接ᄒᆞ엿도다무릇吏가되여太剛ᄒᆞᆫ則折ᄒᆞ고太柔ᄒᆞᆫ則廢ᄒᆞᄂᆞ니威가行ᄒᆞ어든恩으로ᄡᅥ施ᄒᆞᆫ然後에功을樹ᄒᆞ고名을揚ᄒᆞ야永히天祿을終ᄒᆞ리라勝之ㅣ深히그戒를納ᄒᆞ더니還을及ᄒᆞᆷ에不疑를薦ᄒᆞ거늘上이불너不疑를拜ᄒᆞ야靑州刺史를숨다

王賀ㅣ 亦爲繡衣御史ᄒᆞ야 逐捕魏郡羣盜ᄒᆞ야 多所縱捨라 以奉
使不稱으로 免이어늘 歎曰吾ㅣ 聞活千人이면 子孫이 有封이라ᄒᆞ니 吾所活
者ㅣ 萬餘人이라 後世에 其興乎ᆫ뎌

王賀ㅣ또繡衣御史가되여魏郡의羣盜를逐捕ᄒᆞ야縱捨ᄒᆞᆫ바ㅣ多ᄒᆞᆫ지라使를奉ᄒᆞ야不稱ᄒᆞᆷ으로써免ᄒᆞ거늘歎ᄒᆞ야曰吾ㅣ聞ᄒᆞ니千人을活ᄒᆞ면子孫이封이有ᄒᆞ다ᄒᆞ니吾의活ᄒᆞᆫ바者ᄂᆞᆫ萬餘人이라後世에그興ᄒᆞᆯ진저

(癸未)三年이라初榷酒酤ᄒᆞ다 王氏曰榷音角水上橫所以渡人者爾雅謂之石柱今略彴是也 禁閉其事總利入官而下無由得有若渡水之榷因名焉如淳曰 榷音校韋昭曰以木渡水曰榷謂禁民酤釀官自開置如通路設木爲榷獨取利也師古曰 如音韋說俱是但校字去入聲皆有此可疑愚謂榷字去聲句不收當是音覺酤工護反

三年이라처음으로酒酤를ᄒᆞ다

(丁亥)太始三年이라皇太子弗陵이生ᄒᆞ다弗陵母ᄂᆞᆫ曰河間趙倢伃ㅣ니 倢音妾伃音予或從女倢伃婦官名 師古曰倢言接幸於上伃美稱也 居鉤弋宮ᄒᆞ야 趙倢伃手可反屈如鉤故以名宮列仙傳云發手得一玉鉤故號焉三輔黃圖云宮在城外 任身十四月에生ᄒᆞ니 任平聲孕也詩大明篇大任有身註身重也箋云重謂懷孕也 上이曰聞昔에堯ㅣ十四月而生이라ᄒᆞ니今鉤弋이亦然이라ᄒᆞ고乃命其所生門曰堯母門이라ᄒᆞ다

太始三年이라皇太子弗陵이生ᄒᆞ다弗陵母ᄂᆞᆫ曰河間趙倢伃ㅣ니鉤弋宮에居ᄒᆞ야任身ᄒᆞᆫ지十四月에生ᄒᆞ니上이曰드르니昔에堯가十四月에生ᄒᆞ엿다ᄒᆞ더니今에鉤弋이또그러타ᄒᆞ고이에그生ᄒᆞᆫ바門을命ᄒᆞ야曰堯母門이라ᄒᆞ다

(溫公)曰爲人君者動靜擧措不可不愼也有中必形於外天下無不知之當是時也皇后太子皆無恙而命鉤弋之門曰堯母非名也是以姦臣逆探上意知其奇愛少子欲以爲嗣進有危皇后太子之心卒成巫蠱之禍悲夫

敬肅王名彭祖景帝子

趙人江充이初爲趙敬肅王客하야得罪於太子丹하고亾逃詣闕하야
告趙太子陰事하니(陰謀之事)太子ㅣ坐廢라上ㅣ召充入與語하고大悅하야
拜爲直指繡衣使者하야使督察貴戚近臣하다(出江充傳)
趙人江充이初에趙敬肅王客이되여罪를太子丹에게得하고亾逃하야闕에詣하야
趙太子의陰事를告하니太子ㅣ廢에坐하다上이充을불너드려더브러語하고크게
悅하야拜하야直指繡衣使者를삼어하여곰貴戚大臣을督察케하다
(庚寅)征和二年이라初에上이年二十九에乃生戾太子하야(戾郎計反宣帝時追謚曰戾)
(戾史記諡法解曰不悔前過曰戾)甚愛之러니及長에性이仁恕溫謹이라上이嫌其才能이少
不類己하니皇后太子ㅣ寵이寖衰하야常有不自安之意어늘上이覺
之하고謂大將軍靑曰漢家庶事ㅣ草創하고加四夷ㅣ侵陵中國하니
朕이不變更制度면後世ㅣ無法이오不出師征伐이면天下不安이니
爲此者는不得不勞民이어니와若後世에又加朕所爲면是는襲亾
秦之迹也라太子ㅣ敦重好靜하니必能安天下하리니欲求守文之

戾太子名據衛皇后生之

(守文之主) 文猶法也言尊守故不用武功也

主ㅣ댄安有賢於太子者乎리오聞皇后ㅣ與太子로有不安之意ᄒᆞ라니可以意曉之ᄒᆞ라大將軍이頓首謝러라

征和二年이라初에上이年二十九에이에戾太子를生ᄒᆞ야甚히愛ᄒᆞ더니밋長홈에性이仁恕ᄒᆞ고溫謹ᄒᆞᆫ지라上이그才能이져이己와갓지못홈을嫌ᄒᆞ니皇后와太子ㅣ寵이졈々衰ᄒᆞ야일즉스ᄾ로安치못ᄒᆞᆫ意가有ᄒᆞ거늘上이覺ᄒᆞ고大將軍靑다려謂ᄒᆞ야曰漢家의庶事ㅣ草創ᄒᆞ고더四夷ㅣ中國을侵陵ᄒᆞ니朕이制度를變更치아니ᄒᆞ면後世ㅣ法이無ᄒᆞᆯ것이오師를出ᄒᆞ야征伐치아니ᄒᆞ면天下ㅣ安치못ᄒᆞ리니此를ᄒᆞᄂᆞᆫ者ᄂᆞᆫ시러곰民을勞치아니치못ᄒᆞ려니와만일後世ㅣ또ᄒᆞᆫ朕의ᄒᆞᄂᆞᆫ바갓ᄒᆞ면是ᄂᆞᆫ亾秦의迹을襲홈이라太子敦重好靜ᄒᆞ니반다시能히天下를安ᄒᆞ리니守文의主를求ᄒᆞ고져ᄒᆞᆯ진ᄃᆡ엇지太子보다賢ᄒᆞᆯ者ㅣ有ᄒᆞ리오聞ᄒᆞ니皇后ㅣ太子로더브러不安의意가有ᄒᆞ다ᄒᆞ니可히意로써曉ᄒᆞ라大將軍이首를頓ᄒᆞ고謝ᄒᆞ더라

太子ㅣ每諫征伐四夷어ᄂᆞᆯ上이笑曰吾當其勞ᄒᆞ고以逸遺汝ㅣ不亦可乎아上이用法嚴多ᄒᆞ야任深刻吏ᄒᆞᆫ대太子ㅣ寬厚ᄒᆞ야多所平反ᄒᆞ니(音翻謂錄囚覆奏使從輕也平反反罪人辭使從輕而出也毛氏曰平反理正幽枉也)雖得百姓心이나而用法大臣이皆不悅이라是時에方士及諸神巫ㅣ多聚京師ᄒᆞ야率皆左道로惑衆

變幻ᄒᆞ고女巫ㅣ往來宮中ᄒᆞ야敎美人度厄ᄒᆞ야每屋에輒埋木人祭
祀之ᄒᆞ더니因妬忌恚罵ᄒᆞ야(恚於避反)更相告訐ᄒᆞ야以爲祝詛上無道ᄒᆞ니(祝職救反)
(詛側慮反)上이怒ᄒᆞ야所殺이數百人이라上이心旣以爲疑ᄒᆞ더니

太子ㅣ미양四夷를征伐홈을諫ᄒᆞ거늘上이笑ᄒᆞ야曰吾ㅣ그勞를當ᄒᆞ고逸로써汝
에遺ᄒᆞ리니ᄯᅩᄒᆞᆫ可치아니ᄒᆞ랴上이用法홈을嚴히ᄒᆞ야深刻吏에게任홈을多히ᄒᆞ고
太子ᄂᆞᆫ寬厚ᄒᆞ야平反ᄒᆞᄂᆞᆫ바ㅣ多ᄒᆞ니비록百姓心을得ᄒᆞ나法을用ᄒᆞᄂᆞᆫ大臣은다
悅치아니ᄒᆞ더라이ᄯᅢ에方士와밋諸神巫ㅣ마니京師에聚ᄒᆞ야다左道로衆을惑ᄒᆞ야
變幻ᄒᆞ고女巫ㅣ宮中에往來ᄒᆞ야美人으로하여곰厄을度ᄒᆞᆫ다ᄒᆞ야每屋에문득木
人을埋ᄒᆞ고祭祀ᄒᆞ더니因ᄒᆞ야妬忌ᄒᆞ고恚罵ᄒᆞ야다시서로訐을告ᄒᆞ야써上의無
道를祝詛ᄒᆞᆫ다ᄒᆞ니上이怒ᄒᆞ야殺ᄒᆞᆫ바ㅣ數百人이라上의心이임의써疑ᄒᆞ더니

嘗晝寢ᄒᆞᆯ새夢에木人數千이持杖欲擊上이어늘上이驚寤ᄒᆞ야因是體
不平이라江充이自以與太子及衛氏로有隙이라見上年老ᄒᆞ고恐晏
駕後에爲太子所誅ᄒᆞ야因言上疾祟ㅣ在巫蠱ㅣ라ᄒᆞᆫ대(祟音粹說文神禍也)

일즉이晝에寢ᄒᆞᆯ새夢에木人數千이杖을持ᄒᆞ고上을擊코져ᄒᆞ거늘上이驚寤ᄒᆞ야

(左道)挾異端邪道以罔惑于人地道尊右右爲貴故漢書云右貴左愚右責左賤正道爲右不正道爲左
(美人)婦官名

(持太子)執太子也 (乃國)汝國也

是로因ᄒᆞ야體가不平ᄒᆞᆫ지라江充이ᄉᆞᄉᆞ로써太子와밋衛氏로더부러隙이有ᄒᆞᆫ지
라上의年이老ᄒᆞᆷ을見ᄒᆞ고晏駕ᄒᆞᆫ後에太子에게誅ᄒᆞᆯ바이될가恐ᄒᆞ야因ᄒᆞ야言ᄒᆞ
되上의疾祟가巫蠱에在ᄒᆞ다ᄒᆞᆫᄃᆡ

於是에上이以充으로爲使者ᄒᆞ야治巫蠱獄ᄒᆞ니充이云ᄒᆞᄃᆡ於太子宮에
得木人이尤多ᄒᆞ고又有帛書ᄒᆞ야所言이不道ᄒᆞ니當奏聞이라ᄒᆞ고江充이
持太子甚急이어늘太子ㅣ計不知所出이러니從其少傅石德計ᄒᆞ야
收捕充等ᄒᆞ야太子ㅣ自臨斬充ᄒᆞᆯ서罵曰趙虜아(王氏曰初江充爲趙王客得罪亡詣闕告趙太子陰事太子坐廢故)
(下文云前亂乃國王父子)前亂乃國王父子ㅣ不足邪아乃復亂吾父子也오(以上文多不同)
(問見充傳)太子ㅣ出武庫兵ᄒᆞ고發長樂宮衛卒ᄒᆞᆫ대長安이擾亂ᄒᆞ야言太子
ㅣ反이어늘帝ㅣ在甘泉ᄒᆞ야詔捕斬反者ᄒᆞ니太子ㅣ兵敗南犇ᄒᆞ다

이에上이充으로써使者를삼어巫蠱獄을治케ᄒᆞ니充이云ᄒᆞᄃᆡ太子宮에서木人을
得ᄒᆞᆷ이더욱多ᄒᆞ고ᄯᅩ帛書가有ᄒᆞ야所言이不道ᄒᆞ니當히奏聞ᄒᆞᆫ다ᄒᆞ고江充이太
子를持ᄒᆞ기甚히急히ᄒᆞ거늘太子ㅣ計가出ᄒᆞᆯ바를知치못ᄒᆞ더니그少傅石德의計
를從ᄒᆞ야充等을收捕ᄒᆞ야太子ㅣᄉᆞᄉᆞ로臨ᄒᆞ야充을斬ᄒᆞᆯ시罵ᄒᆞ야曰趙虜아前에

乃國王의 父子를 亂홈이 足지 못ᄒᆞ나 이에다 시 吾의 父子를 亂ᄒᆞ고 녀 太子ㅣ 武庫兵을 出ᄒᆞ고 長樂宮衛卒을 發ᄒᆞᆫ딕 長安이 擾亂ᄒᆞ야 言ᄒᆞ되 太子ㅣ 反ᄒᆞᆫ다 ᄒᆞ거늘 帝ㅣ 甘泉에 在ᄒᆞ야 詔ᄒᆞ야 反者를 捕斬ᄒᆞ라 ᄒᆞ니 太子ㅣ 兵이 敗ᄒᆞ야 南으로 犇ᄒᆞ다

上이 怒甚이러니 壺關三老茂ㅣ (壺關縣屬上黨茂三老名也失其姓按百官表秦法十里一亭一鄉鄉置有秩三老一人掌敎化又擇鄉三老一人爲縣三老) 上書曰皇太子ㅣ 承萬世之業ᄒᆞ니 親則皇帝之宗子也어늘 江充은 閭閻之隷臣으로 銜至尊之命ᄒᆞ야 迫蹴(子六反)太子ᄒᆞ고 造飾姦詐ᄒᆞ니 太子ㅣ 進不得見上ᄒᆞ고 退困於亂臣ᄒᆞ야 寃結無告ᄒᆞ야 不忍忿忿之心ᄒᆞ야 起而殺充ᄒᆞ니 子盜父兵ᄒᆞ야 以救難自免耳니 臣은 竊以爲無邪心이라ᄒᆞ노이다 書奏에 天子ㅣ 感寤ᄒᆞ다 然이나 尙未顯言赦之也라 太子ㅣ 自度不得脫ᄒᆞ고 卽自經ᄒᆞ다 初에 上이 爲太子ᄒᆞ야 立博望苑ᄒᆞ고 (博望苑義取廣博親望也) 使通賓客ᄒᆞ야 從其所好故로 賓客이 多以異端進者러라 (出戾太子傳)

溫公曰古之明王敎養太子爲之擇方正敦良之士以爲保傅師友使朝夕與之游處左右前後無非正人出入起居無非正道然猶有淫放邪僻而陷於禍敗者焉今乃使太子自通賓客從其好夫正直難親諂諛易合此固中人之常情宜太子之不終也

上이怒ᄒᆞ기를甚히ᄒᆞ엿더니壺關三老茂ㅣ書를上ᄒᆞ야曰皇太子ㅣ萬世의業을承ᄒᆞ니親인則皇帝의宗子어ᄂᆞᆯ江充은閭閻의隷臣으로至尊의命을銜ᄒᆞ야太子를迫蹴ᄒᆞ고姦詐를造飾ᄒᆞ니太子ㅣ進ᄒᆞ야시러곰上께見치못ᄒᆞ고退ᄒᆞ야亂臣에게困ᄒᆞ야冤結을告치못ᄒᆞ야忿々의心을忍치못ᄒᆞ야起ᄒᆞ야充을殺ᄒᆞ니子ㅣ父의兵을盜ᄒᆞ야써難을救ᄒᆞ고ᄉᆞᄉᆞ로免홈이니臣은그윽이써ᄒᆞ되邪心이無ᄒᆞ다ᄒᆞ노이다書를奏홈에天子ㅣ感ᄒᆞ야寤ᄒᆞ나然이나오히려言을顯ᄒᆞ야赦치안는지라太子ㅣᄉᆞᄉᆞ로脫을得지못ᄒᆞᆯ쥴로度ᄒᆞ고곳ᄉᆞᄉᆞ로經ᄒᆞ다初에上이太子를爲ᄒᆞ야博望苑을立ᄒᆞ야ᄒᆞ여곰賓客을通ᄒᆞ야그好ᄒᆞ는바를從케ᄒᆞ고로賓客이異端으로써進ᄒᆞ는者ㅣ多ᄒᆞ더라

吏民이以巫蠱로相告言者을案驗ᄒᆞ니多不實이라上이頗知太子ㅣ惶恐無它意러니會에高寢郞田千秋ㅣ上急變ᄒᆞ야訟太子冤曰子弄父兵이罪當笞니天子之子ㅣ過誤殺人을인當何罪哉오上이乃大感寤ᄒᆞ야召見千秋ᄒᆞ고謂曰父子之間은人所難言也어늘公이獨明其不然ᄒᆞ니此는高廟神靈이使公敎我로다公은當遂爲吾輔佐ᄒᆞ라ᄒᆞ고立拜千秋爲大鴻臚ᄒᆞ고 出田千秋本傳臚陵如反武帝置此名鴻聲也臚傳也所以聲傳賛導九賓 而族滅

江充家ᄒᆞ다 上이 憐太子無辜ᄒᆞ야 乃作思子宮ᄒᆞ고 爲歸來望思之臺於湖하니 (歸來望思之臺言己望而思之庶幾太子之魂歸來也) 天下ㅣ聞而悲之ᄒᆞ더라 (出戾太子傳)

吏民이巫蠱로써셔로言을告ᄒᆞ논者를案驗ᄒᆞ니不實ᄒᆞᆷ이多ᄒᆞᆫ지라上이자못太子ㅣ惶恐ᄒᆞ야它意가無ᄒᆞᆫ줄로知ᄒᆞ엿더니會에高寢郞田千秋ㅣ急變을上ᄒᆞ야太子의冤을訟ᄒᆞ야曰子ㅣ父兵을弄ᄒᆞᆷ이罪ㅣ맛당이笞니天子의子ㅣ過誤로人을殺ᄒᆞᆫ들맛당이무ᄉᆞᆷ罪리오上이이에크게感寤ᄒᆞ야千秋를召見ᄒᆞ고謂ᄒᆞ야曰父子의間은人의言키難ᄒᆞᆫ바이어늘公이홀노그然치아님을明ᄒᆞ니此는高廟의神靈이公으로ᄒᆞ여곰我를敎ᄒᆞᆷ이로다公은맛당이吾를爲ᄒᆞ야輔佐ᄒᆞ라ᄒᆞ고곳千秋를拜ᄒᆞ야大鴻臚를ᄉᆞᆷ고江充의家를族滅ᄒᆞ다上이太子ㅣ辜업ᄉᆞᆷ을憐히ᄒᆞ야이에思子宮을作ᄒᆞ고歸來望思의臺를湖에ᄒᆞ니天下ㅣ聞ᄒᆞ고悲ᄒᆞ더라

(壬辰)四年이라 上이 乃言曰朕이 卽位以來로 所爲狂悖ᄒᆞ야 使天下로 愁苦ᄒᆞ니 不可追悔라 今事有傷害百姓ᄒᆞ고 靡費天下者는 悉罷之ᄒᆞ라 田千秋ㅣ 曰方士言神仙者ㅣ 甚衆而無顯功ᄒᆞ니 臣은 請皆罷斥遣之ᄒᆞ노이다 上이 曰鴻臚言이 是也라ᄒᆞ고 於是에 悉罷方士候

神人者ᄒᆞ다(神人菜仙人之屬)是後에上이每對羣臣ᄒᆞ야自歎ᄒᆞ대曏時에愚惑ᄒᆞ야爲方士所欺라天下에豈有仙人이리오盡妖妄耳라節食服藥이면差可少病而已라ᄒᆞ더라

四年이라上이이에言ᄒᆞ야曰朕이位에即ᄒᆞᆫ以來로爲ᄒᆞᆫ바이狂悖ᄒᆞ야天下로ᄒᆞ야곰愁苦케ᄒᆞ엿스니可 悔를追치못ᄒᆞᆯ지라今에事가百姓을傷害ᄒᆞ고天下를糜費ᄒᆞ는者는다罷ᄒᆞ라田千秋ㅣ曰方士ㅣ神仙을言ᄒᆞ는者ㅣ심히衆ᄒᆞ나顯功이無ᄒᆞ니臣은請컨ᄃᆡ다罷ᄒᆞ야斥遣ᄒᆞ게노이다上이曰鴻臚의言이是라ᄒᆞ고이에다方士와候神人ᄒᆞ는者를罷ᄒᆞ다이後에上이每樣群臣을對ᄒᆞ야스ᄉᆞ로嘆호ᄃᆡ曏時에愚惑ᄒᆞ야方士에게欺ᄒᆞᆫ바되엿도다天下에웃지仙人이有ᄒᆞ리오다妖妄이라節食ᄒᆞ고服藥ᄒᆞ면거의可히病이少ᄒᆞᆯ다름이라ᄒᆞ더라

六月에以大鴻臚田千秋로爲丞相ᄒᆞ야封富民侯ᄒᆞ다千秋ㅣ無他材能術學ᄒᆞ고又無伐閱功勞ᄒᆞ대(伐積功也閱經歷也今人以家世門戶爲閥閱誤矣伐通作閥)特以一言으로竊意ᄒᆞ야數月에取宰相封侯ᄒᆞ니世未嘗有也러라(出史千秋傳數月漢書作旬月)

六月에大鴻臚田千秋로써丞相을숨어富民侯를封ᄒᆞ다千秋ㅣ다른材能과術學이無ᄒᆞ고또伐閱과功勞ㅣ無ᄒᆞ되特히一言으로써意를竊ᄒᆞ야數月에宰相을取ᄒᆞ야

侯를封ᄒᆞ니世에일직이有치못ᄒᆞ더라

上이乃下詔ᄒᆞ야深陳旣往之悔曰有司ㅣ奏請遠田輪臺ᄒᆞ고欲起亭隧ᄒᆞ니是ᄂᆞᆫ擾勞天下오非所以安民也라朕不忍聞ᄒᆞ노라當今에務在禁苛暴ᄒᆞ고止擅賦ᄒᆞ고(擅賦非常賦也)力本農ᄒᆞ고修馬復令ᄒᆞ야(修馬復令爲句復音福除也七制解馬復者因養馬以除免徭賦也)以補缺ᄒᆞ야(七制解云但以補滿缺處)毋乏武備而已라ᄒᆞ고由是로不復出軍而封田千秋爲富民侯ᄒᆞ니以明休息富養民也러라(出西域傳)又以趙過로爲搜粟都尉ᄒᆞ니過ㅣ能爲代田이라其耕耘田器ㅣ皆有便巧ᄒᆞ야以教民ᄒᆞ니用力少而得穀多ㅣ라民皆便之러라(出食貨志無民皆便之一句)

上이이에詔를下ᄒᆞ야深히旣往의悔를陳ᄒᆞ야曰有司ㅣ奏請ᄒᆞᄃᆡ遠히輪臺에田ᄒᆞ고亭隧를起코져ᄒᆞ니是ᄂᆞᆫ天下를擾勞홈이오써民을安ᄒᆞᄂᆞᆫ바ㅣ아니라朕이참아聞치못ᄒᆞ겟노라當今에務ᄂᆞᆫ苛暴를禁ᄒᆞ고擅賦를止ᄒᆞ고本農를力ᄒᆞ고馬復令을修ᄒᆞ야써缺을補ᄒᆞ야武備를乏치말다름이라ᄒᆞ고是로由ᄒᆞ야다시軍을出치아니ᄒᆞ고田千秋를封ᄒᆞ야富民侯를삼으니써休息을明ᄒᆞ야富히民을養홈이러라또趙過로써搜粟都尉를삼으니過ㅣ能히代田을ᄒᆞᄂᆞᆫ지라그耕耘田器ㅣ다便巧홈이有

(霍光)去病之弟

ᄒᆞ야써民을敎ᄒᆞ니力을用ᄒᆞᆷ이少ᄒᆞ고穀을得ᄒᆞᆷ이多ᄒᆞᆫ지라民이다便ᄒᆞ더라

(癸巳)後元元年이라時에鉤弋夫人之子弗陵이年數歲에形體壯大ᄒᆞ고多知ᄒᆞ니上이奇愛之ᄒᆞ야心欲立焉호대以其年稚母少로猶與久之러니 猶與並去聲猶與註見第四卷漢高祖四年猶豫 察羣臣ᄒᆞ니唯奉車都尉霍光이忠厚ᄒᆞ야 黃門職任親近以供天子百物在焉故有畵工 可任大事라上이乃使黃門으로畵周公이負成王朝諸侯ᄒᆞ야以賜光ᄒᆞ다 出霍光傳

後元元年이라時에鉤弋夫人의子弗陵이年이數歲에形體가壯大ᄒᆞ고知가多ᄒᆞ니上이奇愛ᄒᆞ야心으로立코져호ᄃᆡ그年이稚ᄒᆞ고母ㅣ少ᄒᆞᆷ으로써猶與ᄒᆞ기久ᄒᆞ더니羣臣을察ᄒᆞ니오직奉車都尉霍光이忠厚ᄒᆞ야可히大事를任ᄒᆞ겟ᄂᆞᆫ지라上이이에黃門으로ᄒᆞ여곰周公이成王을負ᄒᆞ고諸侯를朝ᄒᆞᆷ을畵ᄒᆞ야써光을쥬다

(甲午)二年이라春正月에上이病篤ᄒᆞ이어늘霍光이涕泣問曰如有不諱ᄃᆡᆫ 死者人之所不能避故云如有不諱 誰能嗣者고잇上이曰君은未諭前畵意耶아 前畫意謂去年使黃門圖畫周公負成王朝諸侯以賜霍光 立小子ᄒᆞ고君이行周公之事라ᄒᆞ光이頓首讓曰臣이不

如金日磾니이 丁奚反다 日磾ㅣ 亦曰臣은 外國人이라 不如光이오 且使匈
奴로 輕漢矣리이다 乙丑에 詔立弗陵ᄒᆞ야 爲皇太子ᄒᆞ니 時年이 八歲라
丙寅에 以光으로 爲大司馬大將軍ᄒᆞ고 日磾로 爲車騎將軍ᄒᆞ고 太僕
上官桀로 爲左將軍ᄒᆞ야 受遺詔輔少主ᄒᆞ다 光이 出入禁闥 天子所居門閣有禁非侍
御之臣不得妄入行道豹尾中故曰禁中門曰黃闥 二十餘年에 出則奉車ᄒᆞ고 入侍左右ᄒᆞ야 小心謹愼
ᄒᆞ야 未嘗有過라 爲人이 沈靜詳審ᄒᆞ야 每出入下殿門에 進止ㅣ 有
常處라 郎僕射ㅣ 竊識視之ᄒᆞ니 識式志反記也郎與僕射皆官名謂郎僕射者私竊識見光之進止處 不失尺寸이러라
出光傳 日磾ㅣ 在上左右ᄒᆞ야 目不忤視者ㅣ 數十年이오 賜出宮女ᄒᆞᄃᆡ 不
敢近ᄒᆞ고 上이 欲內其女後宮ᄒᆞᄃᆡ 不肯ᄒᆞ니 其篤愼이 如此라 上이 尤奇
異之러라 出日磾傳

二年이라 春正月에 上이 病이 篤ᄒᆞ거ᄂᆞᆯ 霍光이 涕泣ᄒᆞ며 問ᄒᆞ야 曰 만일不諱홈이 有
홀진ᄃᆡ 誰ㅣ 能히 嗣홀者ㅣ니잇고 上이 曰 君은 前의 畵意를 諭치 못ᄒᆞᄂᆞᆫ가 少子를 立
ᄒᆞ고 君이 周公의 事를 行ᄒᆞ라 光이 首를 頓ᄒᆞ고 讓ᄒᆞ여 曰 臣이 金日磾만 如치 못ᄒᆞ니

이다日磾ㅣ또日臣은外國人이라光만如치못ᄒᆞ고또匈奴로ᄒᆞ야곰漢을輕ᄒᆞᆯ가ᄒᆞ노이다乙丑에詔ᄒᆞ야弗陵을立ᄒᆞ야皇太子를삼으니時에年이八歲라丙寅에光으로써大司馬大將軍을삼고日磾로車騎將軍을삼고太僕上官桀로左將軍을삼어遺詔를受ᄒᆞ고少主를輔ᄒᆞ다光이禁闥에出入ᄒᆞᆫ지二十餘年에出ᄒᆞᆫ則車를奉ᄒᆞ고入ᄒᆞᆫ즉左右를侍ᄒᆞ야小心ᄒᆞ고謹愼ᄒᆞ야일즉過가잇지안트라人됨이沈靜詳審ᄒᆞ야매양出入ᄒᆞ야殿門에下ᄒᆞᆷ에進止ㅣ常處가有ᄒᆞᆫ지라郎僕射ㅣ竊識ᄒᆞ야視ᄒᆞ니尺寸을失치안터라日磾ㅣ上의左右에在ᄒᆞ야目으로忤視치아는者ㅣ數十年이오賜出ᄒᆞᆫ宮女을敢히近치아니ᄒᆞ고上이그女를後宮에內코자호ᄃᆡ肯치아니ᄒᆞ니그篤愼ᄒᆞᆷ이이와갓흔지라上이더욱奇異히여기더라

丁卯에帝崩于五柞宮이어늘(柞材各反五柞官漢离官也取五柞木爲之故以名宮在扶風或云宮中有五柞樹因名焉) 太子ㅣ卽位ᄒᆞ고霍光이輔幼主ᄒᆞ야政自己出ᄒᆞ니天下ㅣ想聞其風采러라(出本傳)

丁卯에帝ㅣ五柞宮에셔崩ᄒᆞ거늘太子ㅣ位에卽ᄒᆞ고霍光이幼主를輔ᄒᆞ야政이己로브터出ᄒᆞ니天下ㅣ그風采를想聞ᄒᆞ더라

孝昭皇帝(名弗陵武帝之子也) 在位十三年 壽二十一(以童稚之年辨霍光之忠何天資之明也享國不永惜哉)

(己亥)元始五年이라有男子ㅣ乘黃犢車ᄒᆞ고詣北闕ᄒᆞ야自謂衛太

子ㅣ어늘 詔使公卿將軍二千石으로雜識視ᄒᆞ니 至者ㅣ 莫敢發言이러니
京兆尹雋不疑ㅣ後到ᄒᆞ야 叱從吏收縛曰 叱尺栗反 昔에 蒯聵出奔에 蒯聵
衛靈公世子之名與靈公夫人南子有惡欲殺南子靈公怒蒯聵懼而奔宋蒯苦怪反聵五怪反 輒이 距而不納ᄒᆞ니 輒蒯聵之子名也蒯聵奔宋己而之晉衛人立輒爲君是爲出公晉大夫
趙鞅送蒯聵入衛衛距之不得入 春秋에 是之라 衛太子ㅣ得罪先帝ᄒᆞ야 亾不卽死ᄒᆞ고 以罪去國曰亾
謂旣亾去何不卽就死地 今來自詣ᄒᆞ니 此는 罪人也라 遂送詔獄ᄒᆞ니 天子ㅣ與大將
軍霍光으로 聞而嘉之曰公卿大臣은 當用有經術ᄒᆞ야 明於大誼
者니라ᄒᆞ 繇是로 不疑名聲이 重於朝廷ᄒᆞ야 在位者ㅣ皆自以爲不
及也러라 廷尉ㅣ驗治ᄒᆞ야 竟得奸詐라 坐誣罔不道ᄒᆞ야 要斬ᄒᆞ다 出雋不疑傳

新增 程子曰雋不疑說春秋非是然其處事應機則不異於古人矣○胡氏曰蒯聵衛靈公之世子也出奔於宋靈公未嘗有命廢之而立他子也靈公卒蒯聵之子輒遂自立以拒蒯聵亦未嘗有靈公之命也蒯聵叛父殺母當黜何疑然輒拒之則失人子之道矣故春秋於趙鞅納蒯聵書曰世子明其位之未絕也於石曼姑圍戚書齊國夏爲首惡其黨輒也然則謂春秋是之者非經旨矣彼據也稱兵闕下與父兵戰正使不死而父宥之其位亦不得有矣果來自詣但當以此下令叱吏收縛亦足以成獄而議刑矣不必引春秋也霍光不學故不能辨然其謂公卿當用有經術明大誼者則格言也

始元五年이라 男子ㅣ黃犢車를乘ᄒᆞ고北闕에詣ᄒᆞ야ᄉᆞᄉᆞ로衛太子라謂ᄒᆞ는이有ᄒᆞ거늘詔ᄒᆞ야公卿과將軍中二千石으로ᄒᆞ야곰雜識ᄒᆞ야視케ᄒᆞ니至者ㅣ敢히言

(男子)成方遂也

(中二千石)中滿也郡二千石正卿及列卿皆中二千石

을發치못ᄒᆞ더니京兆尹雋不疑ㅣ後에到ᄒᆞ야從吏를叱ᄒᆞ야收縛ᄒᆞ야曰昔에蒯聵이出奔ᄒᆞ거늘輒이距ᄒᆞ고納지아니ᄒᆞᆫᄃᆡ春秋에是타ᄒᆞᆫ지라衛太子ㅣ先帝게罪를得ᄒᆞ야亾ᄒᆞ야即死안코今에來ᄒᆞ야스ᄉᆞ로詣ᄒᆞ니此ᄂᆞᆫ罪人이라ᄒᆞ고遂히送ᄒᆞ야獄에詔ᄒᆞᆫᄃᆡ天子ㅣ大將軍霍光으로더부러聞ᄒᆞ고嘉ᄒᆞ야曰公卿大臣은맛당이經術이有ᄒᆞ야大誼에明ᄒᆞᆫ者를用ᄒᆞᆯ지라ᄒᆞ니이로말미암어不疑의名聲이朝廷에重ᄒᆞ야位에在ᄒᆞᆫ者ㅣ다스ᄉᆞ로써及지못ᄒᆞᆫ다ᄒᆞ더라廷尉ㅣ驗治ᄒᆞ야맛ᄎᆞᆷ니奸詐를得ᄒᆞᆫ지라誣罔不道에坐ᄒᆞ야要를斬ᄒᆞ다

**諫大夫杜延年이見國家承武帝奢侈師旅之後ᄒᆞ고數爲大將軍光ᄒᆞ야言年歲ㅣ比不登ᄒᆞ고流民이未盡還ᄒᆞ니宜修孝文時政ᄒᆞ야示以儉約寬和ᄒᆞ야順天心悅民意면年歲宜應이라ᄒᆞᆫᄃᆡ光이納其言ᄒᆞ다** (出延年傳)

諫大夫杜延年이國家ㅣ武帝의奢侈師旅ᄒᆞᆫ後를承ᄒᆞᆷ을見ᄒᆞ고자조大將軍光을爲ᄒᆞ야言호ᄃᆡ年歲ㅣ견주어登치못ᄒᆞ고流民이다還치못ᄒᆞ얏스니맛당이孝文時의政을修ᄒᆞ야儉約寬和로써示ᄒᆞ야天心을順히ᄒᆞ고民意를悅케ᄒᆞ면年歲ㅣ맛당이應ᄒᆞᆫ다ᄒᆞᆫᄃᆡ光이그言을納ᄒᆞ다

(庚子)六年이라 春二月에 詔有司ᄒᆞ야 問郡國所擧賢良文學民所疾苦와 敎化之要ᄒᆞᆫ대 皆對願罷鹽鐵酒榷均輸官ᄒᆞ야(榷音角水上橫木所以渡人者) 毋與(謂禁閉其事總利入官下無由得有若渡水之榷因名焉○百官表武帝時有均輸令丞官云諸州郡所當輸於官者皆令輸其土地所饒平其所在時價官自轉還於所無之地賣之輸者旣便而註有利故曰均輸)天下爭利ᄒᆞ야 示以儉節然後에 敎化可興이리이다 桑弘羊이 難以爲此ᄂᆞᆫ 國家大業이라 所以制四夷ᄒᆞ며 安邊足用之本이니 不可廢也라ᄒᆞᆫ대 於是에 鹽鐵之議ㅣ 起焉ᄒᆞ다 (出田千秋傳)

六年이라 春二月에 有司에게 詔ᄒᆞ야 郡國의 擧ᄒᆞᆫ바 賢良文學에게 民의 疾苦ᄒᆞᄂᆞᆫ바와 敎化의 要를 問ᄒᆞᆫ대 다 對ᄒᆞ되 願컨ᄃᆡ 鹽鐵酒榷均輸官을 罷ᄒᆞ야 天下로 더브러 利를 爭치 말아 儉節로써 示ᄒᆞᆫ 然後에 敎化를 可히 興ᄒᆞᆯ지니이다 桑弘羊이 難ᄒᆞ야 써ᄒᆞㅣ 此ᄂᆞᆫ 國家의 大業이라 써 四夷를 制ᄒᆞ며 邊을 安ᄒᆞ고 用을 足케ᄒᆞᄂᆞᆫ 本이니 可히 廢치 못ᄒᆞᆯ지라 ᄒᆞᆫ대 이에 鹽鐵의 議ㅣ 起ᄒᆞ다

初에 蘇武ㅣ 旣徙北海上ᄒᆞ야 杖漢節牧羊ᄒᆞ고 臥起에 操持ᄒᆞ니 節旄ㅣ 盡落이라 及壺衍鞮單于ㅣ 立에 國內ㅣ 乖離ᄒᆞ니 於是에 衛律이

謀與漢和親이어늘 漢使ㅣ至ᄒᆞ야 求武等ᄒᆞᆫ대 匈奴ㅣ詭言ᄒᆞᆫ대 武死어늘
惠ㅣ私教使者ᄒᆞ야 謂單于言ᄒᆞᆫ대 天子ㅣ射上林中이라가 得鴈ᄒᆞ니 足有
繫帛書ᄒᆞ야 言武等이 在某澤中이라ᄒᆞᆫ대 使者ㅣ如惠語ᄒᆞ야 以讓單于
ᄒᆞ니 單于ㅣ驚謝ᄒᆞ고 乃歸武ᄒᆞ다 武ㅣ留匈奴ㅣ凡十九歲라 始以彊壯
으로 出이러니 及還에 鬚髮이 盡白이러라 出本紀

初에蘇武ㅣ임의北海上에徙ᄒᆞ야漢節을杖ᄒᆞ고羊을牧ᄒᆞ고臥ᄒᆞ고起ᄒᆞᆷ에操ᄒᆞ고持ᄒᆞ니節과旄ㅣ다落ᄒᆞ얏더라밋壺衍鞮單于ㅣ立ᄒᆞᆷ에國内가乖離ᄒᆞ니이에衛律이漢으로더부러和親ᄒᆞ기를謀ᄒᆞ거늘漢使ㅣ至ᄒᆞ야武等을求ᄒᆞᆫ디匈奴ㅣ詭言ᄒᆞᄃᆡ武ㅣ死ᄒᆞ얏다ᄒᆞ거늘常惠ㅣ私로使者를教ᄒᆞ야單于다려謂ᄒᆞ야言ᄒᆞᄃᆡ天子ㅣ上林中에射ᄒᆞ다가鴈을得ᄒᆞ니足에繫ᄒᆞᆫ帛書가有ᄒᆞ야言ᄒᆞᄃᆡ武의等이某澤中에在ᄒᆞ다ᄒᆞᆫ디使者ㅣ惠의語와如히ᄒᆞ야써單于를讓ᄒᆞᆫ디單于ㅣ驚謝ᄒᆞ고이에武를歸ᄒᆞ다武ㅣ匈奴에留ᄒᆞᆫ지凡十九歲라始에彊壯으로써出ᄒᆞ얏더니밋還ᄒᆞᆷ에鬚髮이다白ᄒᆞ얏더라

秋에 罷榷酤官ᄒᆞ니 酤工護反賣酒也 從賢良文學之議也러라 武帝之末에 海

內虛耗ᄒᆞ야 戶口減半이어늘 霍光이 知時務之要ᄒᆞ야 輕徭薄賦ᄒᆞ야 與民休息ᄒᆞ니 至是ᄒᆞ야 匈奴ㅣ 和親ᄒᆞ고 百姓이 充實ᄒᆞ야 稍復文景之業焉ᄒᆞ다 出本紀

秋에權酤官을罷ᄒᆞ니賢良文學의議를從홈이러라武帝의末에海內虛耗ᄒᆞ야戶口ㅣ半이減ᄒᆞ얏거늘霍光이時務의要를知ᄒᆞ야徭를輕히ᄒᆞ고賦를薄히ᄒᆞ야民으로더브러休息ᄒᆞ니是에至ᄒᆞ야匈奴ㅣ和親ᄒᆞ고百姓이充實ᄒᆞ야稍히文景의業을復ᄒᆞ다

(辛丑)元鳳元年이라 上官桀之子安이 有女ᄒᆞ니 卽霍光의 外孫이라 安이 因光欲內之어늘 光이 以其幼로 不聽ᄒᆞᆫ대 安이 遂因帝姊蓋長公主ᄒᆞ야 內入宮爲婕妤라가 月餘에 立爲皇后ᄒᆞ니 年甫六歲라 於是에 桀安이 深怨光而德蓋主러라 知燕王旦ㅣ 以帝兄으로 不得立ᄒᆞ야 亦怨望ᄒᆞ고 乃令人으로 詐爲燕王上書ᄒᆞ야 欲共執退光이러니 書奏에 光이 聞之不入ᄒᆞᆫ대 上이 問大將軍은 安在오 桀이 對以燕王이 告其

(蓋長公主)武帝女爲蓋侯妻

罪로不敢入이니이다 有詔召大將軍호대光이入호야 免冠頓首어늘上이曰
將軍은冠호라朕이知是書ㅣ詐也로다將軍은無罪라호니 將軍이調校尉
未十日에 燕王이何以知之오리오是時에帝ㅣ年이十四라尙書左右
ㅣ皆驚而上書者ㅣ果亡이러라 後에桀黨與ㅣ有譖光者면上이輒
怒曰大將軍은忠臣이라 先帝ㅣ所屬以輔朕身이니有毁者면坐之
호리라 自是로桀等이不敢復言이러라 出光本傳

李德裕論曰人君之德莫大於至明明以照姦則邪不能蔽矣漢昭帝是也周成王有慚德矣高祖文景俱不如也成王聞管蔡流言遂使周公狼跋而東漢高聞陳平去魏背楚欲捨腹心臣漢文惑季布使酒難近罷歸股肱郡疑賈生擅權紛亂復疎十士景帝信誅晁錯兵解遂戮三公所謂執狐疑之心來讒賊之口使昭帝得伊呂之佐則成康不足侔矣

元鳳元年이라上官桀의子安이女ㅣ有호니即霍光의外孫이라安이光을因호야內코자호거놀光이그幼로써聽치안이호되安이드듸여帝姊蓋長公主를因호야內호야宮에入호야婕妤를삼엇다가月餘에立호야皇后를삼으니年이겨우六歲라이에桀과安이深히光을怨호고蓋主를德호더라燕王旦ㅣ帝의兄으로써시러곰立치못호야또怨望홈을知호고이에人으로호여곰詐히燕王上書를호야共히執호야光을退코자호더니書를奏홈에光이聞호고入치안이호되上이問호되大將軍은어듸在

ᄒᆞ고桀이對ᄒᆞ되燕王이그罪를告ᄒᆞᆷ으로써敢히入치못ᄒᆞᄂᆞ이다詔ㅣ有ᄒᆞ야大將軍을召ᄒᆞ되光이入ᄒᆞ야冠을免ᄒᆞ고首를頓ᄒᆞ거ᄂᆞᆯ上이曰將軍은冠ᄒᆞ라朕이是書가詐인줄知ᄒᆞ노라將軍은罪가無ᄒᆞ니라將軍이校尉를調ᄒᆞᆫ지十日이못되야燕王이엇지써知ᄒᆞ리오이ᄯᅢ에帝年이十四라尙書와左右ㅣ다驚ᄒᆞ고上書ᄒᆞᆫ者ㅣ果然亾ᄒᆞ다後에桀의黨與ㅣ光을譖ᄒᆞᄂᆞᆫ者ㅣ有ᄒᆞ면上이문득怒ᄒᆞ야曰大將軍은忠臣이라先帝ㅣ屬ᄒᆞ야써朕의身을輔ᄒᆞ신바ㅣ니毁ᄒᆞᄂᆞᆫ者ㅣ有ᄒᆞ면坐ᄒᆞ리라ᄒᆞ니是로自ᄒᆞ야桀等이敢히다시言치못ᄒᆞ더라

**上官桀等**이**謀令長公主**로**置酒請光**ᄒᆞ야**伏兵格殺之**ᄒᆞ고**因廢帝**ᄒᆞ야**迎立燕王爲天子**ᄒᆞ고**安**이**又謀誘燕王**ᄒᆞ야**至而誅之**ᄒᆞ고**因廢帝立桀**이러니**會**에**蓋主舍人**이**知其謀**ᄒᆞ고**以告**ᄒᆞᆫ대**詔捕桀安等宗族**ᄒᆞ야**悉誅之**ᄒᆞ니**蓋主**는**自殺**ᄒᆞ고**燕王**은**自絞死**ᄒᆞ고(絞古巧反)**皇后**는**以年少**로**不與謀**ᄒᆞ고**亦霍光**의**外孫故**로**得不廢**ᄒᆞ다(出外戚上官皇后傳)

上官桀等이謀ᄒᆞ야長公主로ᄒᆞ야곰酒를置ᄒᆞ고光을請ᄒᆞ야兵을伏ᄒᆞ야格殺ᄒᆞ고因ᄒᆞ야帝를廢ᄒᆞ야燕王을迎立ᄒᆞ야天子를삼고安이ᄯᅩ謀ᄒᆞ야燕王을誘ᄒᆞ야至ᄒᆞ거든誅ᄒᆞ고因ᄒᆞ야帝를廢ᄒᆞ고桀을立ᄒᆞ려ᄒᆞ엿더니會에蓋主舍人이그謀를知ᄒᆞ

고써告호대詔호야桀安等宗族을捕호야다誅호니蓋主는스스로殺호고燕王은스스로絞死호고皇后는年少로써더부러謀치아니호엿고또霍光의外孫인故로시러곰廢치안타

(傳)姓介子名

(甲辰)四年이라樓蘭國이最在東垂近漢이라當白龍堆호야數遮殺漢使러니傅介子ㅣ使大宛호야詔因令責樓蘭龜玆호니(龜音丘 玆音慈)其王이皆謝服이러라介子ㅣ還호야謂大將軍霍光曰樓蘭龜玆ㅣ數反覆호니不誅면無所懲艾라願往刺之호야以威로示諸國호리이다大將軍이於是에白遣之러니介子ㅣ與士卒로俱齎金幣호야以賜外國爲名호니王이貪漢物호야來見使者어늘介子ㅣ使壯士로刺死之호고諭以王이負漢罪호고更立王弟尉屠耆(耆音祈)호야爲王호고更名其國호야爲鄯善호고封傅介子호야爲義陽侯호다(出西域傳及介子傳)

四年이라樓蘭國이가장東垂에在호야漢에近호지라白龍堆를當호야자조漢使를遮殺호더니傅介子ㅣ大宛에使호야詔로因호야하여곰樓蘭龜玆를責호니그王이다謝服호더라介子ㅣ還호야大將軍霍光다려謂호여曰樓蘭龜玆ㅣ자조反覆호니

誅치아니ᄒᆞ면懲艾ᄒᆞᆯ바ㅣ無ᄒᆞᆯ지라願컨ᄃᆡ往ᄒᆞ야刺ᄒᆞ야威로ᄡᅥ諸大國에示ᄒᆞ리
이다大將軍이이에白ᄒᆞ고遣ᄒᆞᆫ대介子ㅣ士卒로더브러한가지金幣를賫ᄒᆞ야ᄡᅥ外
國에賜ᄒᆞᆷ으로名을ᄒᆞ니王이漢物을貪ᄒᆞ야來ᄒᆞ야使者를見ᄒᆞ거ᄂᆞᆯ介子ㅣ壯士로
하여곰刺ᄒᆞ야死ᄒᆞ고王이漢을負ᄒᆞᆫ罪로ᄡᅥ諭ᄒᆞ고다시王弟尉屠耆를立ᄒᆞ야王을
숨고다시그國을名ᄒᆞ야鄯善이라ᄒᆞ고傳介子를封ᄒᆞ야義陽侯를숨다

(哀王武)帝子

(丁未)元平元年이라四月에帝崩ᄒᆞ니無嗣라大將軍光이與群臣으로
議迎昌邑王賀ᄒᆞ니賀는哀王之子라在國에素狂縱ᄒᆞ야動作無節
ᄒᆞ야嘗遊方與ᄒᆞᆯ서(音房預)不半日에馳二百里어늘中尉王吉이上疏諫曰
夫廣廈之下와細旃之上에明師ㅣ居前ᄒᆞ고勸誦이在後ᄒᆞ야上論
唐虞之際ᄒᆞ고下及殷周之盛ᄒᆞ야考仁聖之風ᄒᆞ며習治國之道ᄒᆞ면
於以養生에豈不長哉잇가王이終不改節이러니六月에王이受皇帝
璽綬ᄒᆞ고襲尊號ᄒᆞ다(出王吉及昌邑王傳)

元平元年이라四月에帝ㅣ崩ᄒᆞ니嗣ㅣ無ᄒᆞᆫ지라大將軍光이羣臣으로더브러議ᄒᆞ
야昌邑王賀를迎ᄒᆞ니賀ᄂᆞᆫ哀王의子ㅣ라國에在ᄒᆞ야본ᄃᆡ狂縱ᄒᆞ야動作이節이無

(旃)席也

호야일죽이方輿에遊호시半日이못되여二百里를馳호거늘中尉王吉이疏를上호야諫호여日무릇廣廈의下와細旃의上에明師ㅣ前에居호고勸誦이後에在호야上으로唐虞의際를論호고下로殷周의盛을及호야仁聖의風을考호며治國의道를習호면써生을養홈이읏지長치아느리잇고王이終히節을改치안터니六月에王이皇帝璽綬를受호고尊號를襲호다

**昌邑王**이**旣立**에**淫戲無度**호야**諫多不聽**이어늘**光**이**憂懣**호야**問所親故吏田延年**혼대**延年**이**曰將軍**이**爲國柱石**호니**審此人不可**ㄴ된**何不建白太后**호야**更選賢而立之**오**光**이**曰於古**에**有此不**아**延年**이**曰伊尹**이**相殷**에**廢太甲**호야**以安宗廟**호니**後世**에**稱其忠**이라**將軍**이**若能行此**면**亦漢之伊尹也**니라**光**이**乃陰與張安世**로**圖計**호다 (出霍光傳)

昌邑王이임의立홈에淫戲호고度가無호야諫을不聽홈이多호거늘光이憂懣호야親혼바故吏田延年에게問혼대延年이曰將軍이國의柱石이되엿스니此人이不可혼줄審홀진대읏지太后에게建白호야다시賢을選호야立지안는고光이曰古에此가有혼가不혼가延年이曰伊尹이殷에相홈에太甲을廢호야써宗廟를安호니後世

에그忠을稱ᄒᆞᆫ지라將軍이만일능히此를行ᄒᆞ면또ᄒᆞᆫ漢의伊尹이니라光이이에감
안이張安世로더부러計를圖ᄒᆞ다

王이出遊어늘光祿大夫夏侯勝이當乘輿前ᄒᆞ야諫曰天이久陰不雨ᄒᆞ니臣下ㅣ有謀上者어늘陛下ㅣ出欲何之잇고ᄒᆞ고王이怒ᄒᆞ야謂勝이爲妖言이라ᄒᆞ야縛以屬吏ᄒᆞ다光이乃召問勝ᄒᆞᆫ되勝이對言ᄒᆞ되在鴻範傳에曰皇之不極이면厥罰常陰이라時則下人이有伐上者ㅣ라ᄒᆞᆫ되 鴻與洪通凡書非正經者謂之傳此三句洪範傳之言也 光安世ㅣ大驚ᄒᆞ야以此로益重經術士러라 出勝本傳

王이出遊ᄒᆞ거늘光祿大夫夏侯勝이乘輿前에當ᄒᆞ야諫ᄒᆞ여曰天이久히陰ᄒᆞ고雨
치아니ᄒᆞ니臣下ㅣ上을謀ᄒᆞᄂᆞᆫ者잇거늘陛下ㅣ出ᄒᆞ야어듸로가고져ᄒᆞ시ᄂᆞ잇고
王이怒ᄒᆞ야勝이妖言을ᄒᆞᆫ다謂ᄒᆞ야縛ᄒᆞ야써吏에屬ᄒᆞ다光이이에勝을召ᄒᆞ야問
ᄒᆞᆫ대勝이對ᄒᆞ야言ᄒᆞ되鴻範傳에在ᄒᆞ니曰皇이極치못ᄒᆞ면그罰이常히陰ᄒᆞᄂᆞᆫ지
라시時ㅣ면則下人이上을伐ᄒᆞᄂᆞᆫ者ㅣ有ᄒᆞ다ᄒᆞᆫ대光과安世ㅣ크게驚ᄒᆞ야此로써더
욱經術士를重히ᄒᆞ더라

光安世ㅣ既定議ᄒᆞ고乃使田延年으로報丞相楊敞ᄒᆞᆫ되敞이驚懼ᄒᆞ야不

知所言ᄒᆞ야汗出沾背ᄒᆞ고 徒唯唯音韋而已라光이 卽與群臣으로 俱見
白太后ᄒᆞ고 見形電反白奏也見太后而奏之 具陳昌邑王이不可以承宗廟로 狀ᄒᆞᆫᄃᆡ 皇太
后ㅣ詔昌邑王ᄒᆞ야 伏前聽詔ᄒᆞ니 光이令王으로起拜受詔ᄒᆞ고 光이 持其
手ᄒᆞ야 解脫其璽組ᄒᆞ고 則古反 扶王下殿ᄒᆞ야 送至昌邑邸ᄒᆞ다 出霍光傳
光과安世ㅣ임의議를定ᄒᆞ고이에田延年으로하여곰丞相楊敞에게報ᄒᆞᆫ대敞이驚
懼ᄒᆞ야言ᄒᆞᆯ바를知치못ᄒᆞ야汗이나셔背에沾ᄒᆞ고ᄒᆞᆫ갓唯唯ᄒᆞᆯ다름이러라光이곳
羣臣으로더부러한가지太后긔見白ᄒᆞ야갓초어昌邑王이可히써宗廟를承치못ᄒᆞᆯ
狀을陳ᄒᆞᆫ대皇太后ㅣ昌邑王에게詔ᄒᆞ야前에伏ᄒᆞ야詔를聽케ᄒᆞ니光이王으로하
여곰起ᄒᆞ야拜ᄒᆞ고詔를受케ᄒᆞ고光이그手를持ᄒᆞ야 그璽組를解脫ᄒᆞ고王을扶ᄒᆞ
고殿에下ᄒᆞ야昌邑邸로送ᄒᆞ야至ᄒᆞ다
初에衛太子之子史皇孫이 以外家姓稱之曰史 生子病已ᄒᆞ니 已止也夙遭屯難而多病若故名病已欲速差也后改名詢之
號ᄅᆞᆯ皇曾孫이라 皇曾孫이 生數月에 遭巫蠱事ᄒᆞ야 太子男女妻妾
이皆遇害ᄒᆞᄃᆡ 獨皇曾孫이 在ᄒᆞ야 亦坐收繫獄이러니 丙吉이受詔治巫
蠱獄ᄒᆞᆯ새 吉이 心知太子無事ᄒᆞ고 重哀皇曾孫無辜ᄒᆞ야 擇謹厚女

徒ᄒᆞ야 令乳養曾孫ᄒᆞ야 置閒燥ㅣ러니 閒讀曰閑 燥先到反 曾孫이 高材好學이나 然이나 亦喜游俠ᄒᆞ니 游俠謂輕死重氣如荊軻豫讓之輩游從也行也俠扶也持也言能相從游行俠輔之事也 以是로 具知閭里姦邪吏治得失이러라 出宣帝紀 及昌邑王이 廢에 霍光이 與張安世諸大臣으로 議所立未定이러니 丙吉이 奏記光曰武帝曾孫名病己者ㅣ 至今十八九矣라 通經術有美材ᄒᆞ고 行安而節和ᄒᆞ니 願將軍은 定大策ᄒᆞ소서 出丙吉傳

初에衛太子의子史皇孫이子病己를生ᄒᆞ니號를皇曾孫이라皇曾孫이生ᄒᆞᆫ지數月에巫蠱事를遭ᄒᆞ야太子男女妻妾이다害를遇ᄒᆞ고홀로皇曾孫이在ᄒᆞ야ᄯᅩ收에坐ᄒᆞ야獄에繫ᄒᆞ엿더니丙吉이詔를受ᄒᆞ야巫蠱獄을治ᄒᆞᆯ새吉이心으로太子ㅣ無事ᄒᆞᆷ을知ᄒᆞ고거듭皇曾孫이辜가無ᄒᆞᆷ을哀ᄒᆞ야謹厚ᄒᆞᆫ女徒를擇ᄒᆞ야ᄒᆞ여곰乳ᄒᆞ야曾孫을養ᄒᆞ야閒燥에置ᄒᆞ엿더니曾孫이材가高ᄒᆞ고學을好ᄒᆞ나그러나ᄯᅩ遊俠을喜ᄒᆞ니是로써갓초어閭里姦邪와吏治得失을知ᄒᆞ더라昌邑王이廢ᄒᆞᆷ에霍光이張安世와諸大臣으로더브러立ᄒᆞᆯ바를議ᄒᆞ고定치못ᄒᆞ엿더니丙吉이光에게奏記ᄒᆞ여曰武帝曾孫名病己者ㅣ至今十八九라經術을通ᄒᆞ고美材가有ᄒᆞ고行이安ᄒᆞ고節이和ᄒᆞ니원컨ᄃᆡ將軍은大策을定ᄒᆞ소서

光이 與丞相敞으로 上奏曰武帝曾孫病己ㅣ 年十八에 師受詩

論語孝經ᄒᆞ고躬行節儉ᄒᆞ고慈仁愛人ᄒᆞ니可以嗣孝昭皇帝後ㅣ니이다皇太后ㅣ詔曰可迎曾孫ᄒᆞ야卽皇帝位ᄒᆞ라(出霍光傳)侍御史嚴延年이劾奏ᄒᆞ되大將軍光이擅廢立主ᄒᆞ니無人臣禮라不道ㅣ니이다奏雖寢然이나朝廷이肅然敬憚之러라

光이丞相敞으로더부러上奏ᄒᆞ여曰武帝曾孫病己ㅣ年이十八에詩와論語와孝經을師受ᄒᆞ야躬으로節儉을行ᄒᆞ고慈仁ᄒᆞ고人을愛ᄒᆞ니可히써孝昭皇帝后를嗣ᄒᆞᆯ지이니다皇太后ㅣ詔ᄒᆞ여曰可히曾孫을迎ᄒᆞ야皇帝位에即케ᄒᆞ라侍御史嚴延年이劾奏ᄒᆞ되大將軍光이擅히廢ᄒᆞ고主를立ᄒᆞ니人臣의禮가無ᄒᆞᆫ지라道가아니니이다奏ㅣ비록寢然ᄒᆞ나朝廷이肅然히敬ᄒᆞ고憚ᄒᆞ더라

## 漢紀

中宗孝宣皇帝上(初名病己後改詢名武帝曾孫衛太子孫史皇孫子) 在位二十五年 壽四十一(信賞必罰吏稱民安可謂中興侔德商周然刑名繩下德敎不純漢家之元氣索矣)

(戊申)本始元年이라 大將軍光이稽首歸政ᄒᆞ니上이謙讓不受ᄒᆞ고諸事를皆先關白光然後에奏御ᄒᆞ다 自昭帝時로光黨親이連

(關白)關由也如行者之有其關鍵也

體根據於朝廷이러니 及昌邑王이廢에 光權이益重이라每朝見에上
이虛己斂容ᄒᆞ야禮下之已甚이러라 出霍光本傳
本始元年이라大將軍光이首를稽ᄒᆞ고政을歸ᄒᆞ거늘上이謙讓ᄒᆞ야受치안코諸事
를다먼져光에게關ᄒᆞ야白ᄒᆞᆫ然後에御에奏ᄒᆞ다昭帝時로브터光의黨親이體를連
ᄒᆞ야朝廷에根據ᄒᆞ더니밋昌邑王이廢ᄒᆞᆷ에光의權이더욱重ᄒᆞᆫ지라ᄆᆡ양朝見ᄒᆞᆷ에
上이己를虛ᄒᆞ고容을斂ᄒᆞ야禮로下ᄒᆞ기를임의甚히ᄒᆞ더라
初에上官桀이與霍光으로爭權이러니 光이旣誅桀에 遂遵武帝法
度ᄒᆞ야以刑罰로痛繩羣下ᄒᆞ니 痛切也繩治也如繩約物然不使跌宕也羣下即百司庶府 由是로俗吏ㅣ皆尙
嚴酷으로以爲能而河南太守丞黃霸ㅣ獨用寬和로爲名이라上
이在民間時에知百姓의苦吏急迫이러니 聞霸ㅣ持法平ᄒᆞ고乃召爲
廷尉正ᄒᆞ야 正長官也 數決疑獄ᄒᆞ니庭中이稱平이러라 出黃霸本傳庭中廷尉之中也稱平謂稱美其持法輕重適中
初에上官桀이霍光으로더브러權을爭ᄒᆞ더니光이임의桀을誅ᄒᆞᆷ에드듸여武帝의
法度를遵ᄒᆞ야刑罰로써群下를痛繩ᄒᆞ니是로由ᄒᆞ야俗吏ㅣ다嚴酷을尙ᄒᆞ야써能
을삼ᄃᆡ河南太守丞黃霸ㅣ홀로寬和를用ᄒᆞᆷ으로名을ᄒᆞ니上이民間에在ᄒᆞᄂᆞᆫ時에

百姓이吏의急迫을苦홈을知호지라霸가持法을平히홈을聞호고이에召호야廷尉正을숨어자조疑獄을決호니庭中이平호다稱호더라

(己酉)二年이라夏에詔曰孝武皇帝ㅣ躬仁誼厲威武호샤功德이茂盛而廟樂을未稱호니朕甚悼焉호노니其與列侯二千石博士로議호라羣臣이皆曰如詔라호대獨夏侯勝이曰武帝ㅣ雖有攘四夷廣土境之功이나然이나多殺士衆호고竭民財力호야奢泰無度호야無德澤於民호니不宜爲立廟樂이니이다於是에丞相御史ㅣ劾奏호ᄃᆡ勝이非議詔書호고毁先帝호니不道오爲句及丞相長史黃霸ㅣ阿縱勝호야不擧劾이라호야俱下獄호고有司ㅣ遂請尊孝武帝廟호야爲世宗廟호다

二年이라夏에詔호야曰孝武皇帝ㅣ仁誼을躬호고武威를厲호샤功德이茂盛호되廟樂을稱치못호니朕이甚히悼호노니그列侯二千石博士로더브러議호라群臣이다가로ᄃᆡ詔와如히호다호ᄃᆡ홀노夏侯勝이曰武帝ㅣ비록四夷를攘호고土境을廣호功이잇스나그러나士衆을多殺호고民의財力을竭호야奢泰홈이度가업셔德澤이民에업스니廟樂을立홈이宜치아느니이다이에丞相御史ㅣ劾奏호ᄃᆡ勝이詔書

를非議ᄒᆞ고先帝를毀ᄒᆞ니道가아니오밋丞相의長史黃霸ㅣ勝을阿縱ᄒᆞ야드러劾치아니ᄒᆞ엿다ᄒᆞ야다獄에下ᄒᆞ고有司ㅣ드듸여請ᄒᆞ야孝武帝의廟를尊ᄒᆞ야世宗廟라ᄒᆞ다

**夏侯勝黃霸ㅣ旣久繫에霸ㅣ欲從勝受尙書여늘勝이辭以罪死ᄒᆞᆫ듸霸ㅣ曰朝聞道면夕死라도可矣ㅣ라ᄒᆞᆫ듸勝이賢其言ᄒᆞ야遂授之ᄒᆞ고繫再更冬ᄒᆞ되講論不怠러라** 出夏侯勝傳

夏侯勝과黃霸ㅣ임의오리繫ᄒᆞᆷ에霸ㅣ勝을從ᄒᆞ야尙書를受코져ᄒᆞ거늘勝이罪死로써辭ᄒᆞᆫ듸霸ㅣ日朝에道를聞ᄒᆞ면夕에死ᄒᆞ드라도可ᄒᆞ다ᄒᆞᆫ듸勝이그言을賢히여겨드듸여授ᄒᆞ고繫ᄒᆞ야두번冬을更호듸講論ᄒᆞᆷ을怠치안터라

**(庚戌)三年이라霍光의夫人顯이欲貴其小女成君이러니會에許后ㅣ當娠病이라女醫淳于衍者는霍氏의所愛라嘗入宮侍疾이어늘顯이使衍으로因投毒藥ᄒᆞ야以飮皇后러니有頃에遂加煩懣崩ᄒᆞ다** 出許皇后傳

三年이라霍光의夫人顯이그小女成君을貴코져ᄒᆞ더니會에許后ㅣ娠을當ᄒᆞ야病이든지라女醫淳于衍인者는霍氏의愛ᄒᆞ는바ㅣ라일ᄌᆞᆨ이宮에入ᄒᆞ야疾을侍ᄒᆞ거늘顯이衍으로하여곰因ᄒᆞ야毒藥을投ᄒᆞ야써皇后를飮케ᄒᆞ엿더니얼마잇다가

(更)歷也

드디여煩懣을加ᄒᆞ야崩ᄒᆞ다

冬에匈奴單于ㅣ自將數萬騎ᄒᆞ고擊烏孫ᄒᆞ야頗得老弱欲還이러니
會에天이大雨雪ᄒᆞ야一日에深丈餘라人民畜產이凍死ᄒᆞ고還者ㅣ
不能什一이라於是에丁令은(音令丁零北狄種名在康居北去匈奴庭接習水七千里)乘弱攻其北ᄒᆞ고烏桓
은入其東ᄒᆞ고(烏桓其先東胡也續漢書曰漢初匈奴冒頓破東胡其餘衆退保烏桓山因爲號焉其俗無常居男女悉髡頭爲輕便)烏孫은擊其西ᄒᆞ니
凡三國所殺이數萬級이오馬數萬匹이오牛羊이甚衆이라匈奴ㅣ大
虛弱이러니其後에漢이出三千餘騎ᄒᆞ야爲三道ᄒᆞ야並入匈奴ᄒᆞ야捕虜
得數千人還ᄒᆞ니匈奴ㅣ終不敢取當ᄒᆞ야滋欲鄕和親(滋益也鄕讀曰嚮)而
邊境이少事矣러라(出匈奴傳)

冬에匈奴單于ㅣ스ᄉᆞ로數萬騎를將ᄒᆞ고烏孫을擊ᄒᆞ야頗히老弱을得ᄒᆞ야還코져
ᄒᆞ더니會에天히大히雨雪ᄒᆞ야一日에深이丈餘ㅣ라人民畜產이凍死ᄒᆞ고還ᄒᆞᆫ者
能히十에一이못되더라이에丁令은弱을乘ᄒᆞ야그北을攻ᄒᆞ고烏桓은그東으로入
ᄒᆞ고烏孫은그西를擊ᄒᆞ니무릇三國의殺ᄒᆞᆫ바ㅣ數萬級이오馬ㅣ數萬匹이오牛羊
이심히衆ᄒᆞᆫ지라匈奴ㅣ크게虛弱ᄒᆞ엿더니그後에漢이三千餘騎를出ᄒᆞ야三道를

ᄒᆞ야並히匈奴에入ᄒᆞ야捕虜ᄒᆞ야數千人을得ᄒᆞ야還ᄒᆞ니匈奴ㅣ終내敢히取當치
못ᄒᆞ야더욱鄕ᄒᆞ야和親코져ᄒᆞ고邊境이事가少ᄒᆞ더라

是歲에潁川太守趙廣漢이爲京兆尹ᄒᆞ다潁川俗에豪傑이相朋黨이어늘廣漢이爲缿筩ᄒᆞ야 缿音項筩音同缿若今盛錢藏瓶爲小孔可入而不可出筩斷竹也如今官受密事筩也或缿或筩皆爲此制而用受書 受吏民投書ᄒᆞ야使相告訐ᄒᆞᆫ되 居謁反 於是에更相怨咎ᄒᆞ야姦黨이散落ᄒᆞ고盜賊이不得發이라 尤善爲鉤距ᄒᆞ야 鉤致也距閉也使對者無疑若不問而自知衆莫覺所由以閑其術爲鉤距也毛氏曰鉤距如釣鉤之有距吞之則順吐之則逆使人入其術中而不能出以鉤索其隱情也 以得事情ᄒᆞ야閭里銖兩之姦을皆知之러라 長安少年數人이會窮里空舍ᄒᆞ야謀共劫人이라가坐語未訖에廣漢이使吏로捕治具服ᄒᆞ니 其發姦擿伏이如神이라 擿他歷反發謂動發之也姦宄也擿挑伏隱也謂爲姦而隱匿者必爲擿發之也 京兆政淸ᄒᆞ니吏民이稱之不容口ᄒᆞ고長老는傳以爲自漢興으로治京兆者ㅣ莫能及이라ᄒᆞ더라

이해에潁川太守趙廣漢이京兆尹이되다潁川俗에豪傑이서로朋黨ᄒᆞ거늘廣漢이
缿筩을ᄒᆞ야吏民의投書를受ᄒᆞ야곰서로訐을告ᄒᆞᆫ되이에다시서로怨咎ᄒᆞ야

姦黨이散落ᄒᆞ고盜賊이시러곰發치못ᄒᆞᄂᆞᆫ지라더욱鉤距를善히ᄒᆞ야써事情을得ᄒᆞ야閭里銖兩의姦을다知ᄒᆞ더라長安少年數人이窮里空舍에會ᄒᆞ야共히刼人키를謀ᄒᆞ다가坐ᄒᆞ야語ᄒᆞᆷ을訖치못ᄒᆞ야廣漢이吏로ᄒᆞ여곰捕治ᄒᆞ야具服ᄒᆞ니그姦을發ᄒᆞ고伏을擿ᄒᆞᆷ이神갓더라京兆ㅣ政이淸ᄒᆞ니吏民이稱ᄒᆞ되口를容치못ᄒᆞ고長老ᄂᆞᆫ傳ᄒᆞ야써ᄒᆞ되漢興으로브터京兆를治ᄒᆞᆫ者ㅣ能히及지못ᄒᆞᆫ다ᄒᆞ더라

(辛亥)四年이라春에立霍光女ᄒᆞ야爲皇后ᄒᆞ다

四年이라春에霍光의女를立ᄒᆞ야皇后를ᄉᆞᆷ다

(壬子)地節元年이라于定國이爲廷尉ᄒᆞ다定國이決疑平法ᄒᆞ야務在哀鰥寡ᄒᆞ고罪疑란從輕ᄒᆞ야加審愼之心ᄒᆞ니朝廷이稱之曰張釋之ㅣ爲廷尉에天下ㅣ無寃民이러니于定國이爲廷尉에民이自以不寃이라ᄒᆞ더라 出本傳

地節元年이라于定國이廷尉ㅣ되다定國이疑를決ᄒᆞ고法을平히ᄒᆞ야務가鰥寡를哀ᄒᆞᆷ에在ᄒᆞ고罪가疑ᄒᆞ야란輕을從ᄒᆞ야審愼의心을加ᄒᆞ니朝廷이稱ᄒᆞ야曰張釋之ㅣ廷尉ㅣ됨에天下ㅣ寃民이無ᄒᆞ더니于定國이廷尉됨에民이ᄉᆞᄉᆞ로써寃치안

논다ᄒᆞ더라

(癸丑)二年이라春에霍光이薨ᄒᆞ다

二年이라春에霍光이薨ᄒᆞ다

上이思報大將軍德ᄒᆞ야乃封光兄孫山ᄒᆞ야爲樂平侯ᄒᆞ야使以奉車都尉로領尙書事ᄒᆞ니魏相이奏封事言ᄒᆞ대(爲句漢舊儀密奏皂囊封板故曰封事)春秋에譏世卿ᄒᆞ고(王氏曰公羊傳隱三年尹氏卒尹氏者何天子之大夫也其稱尹氏何譏世卿世卿非禮也註云世卿者父死子繼也貶去名而氏者起其世也若曰世世尹氏也禮公卿大夫士皆選賢而用之不當世爲其秉政久必奪君之威柄)惡宋三世爲大夫ᄒᆞ니(王氏曰公羊傳僖二十五年宋殺其大夫可以不名宋三世無大夫三世內娶也註云三世謂慈父主臣處臼也內娶大夫女也言無大夫者禮不臣妻之父母國內皆臣無娶道宋以內娶故公族以弱妃黨益强卒生簒弑故君子疾惡之)今光이死에子ㅣ復爲右將軍ᄒᆞ고兄子ㅣ秉樞機ᄒᆞ고昆弟諸壻ㅣ據權勢ᄒᆞ야在兵官ᄒᆞ야驕奢放縱ᄒᆞ니宜有以損奪其權ᄒᆞ고破散陰謀ᄒᆞ야以全功臣之世ᄒᆞ소서又故事에諸上書者ㅣ皆爲二封ᄒᆞ야署其一曰副어든領尙書者ㅣ先發副封ᄒᆞ야所言이不善이면屛去不奏ᄒᆞ니러相이復因許伯ᄒᆞ야白去副封ᄒᆞ야(伯謂魏相許伯即許

廣漢按魏相先嘗因許伯奏封事今又因以建白上前而除其副本以防壅蔽ᄒᆞᆫ대帝ㅣ善之ᄒᆞ야詔相給事中ᄒᆞ고皆從其議ᄒᆞ다出本傳

上이大將軍의德을報키思ᄒᆞ야이에光의兄孫山을封ᄒᆞ야樂平侯를삼어ᄒᆞ여곰奉車都尉로써尙書事를領케ᄒᆞ니魏相이封事를奏ᄒᆞ야言ᄒᆞ되春秋에世卿을譏ᄒᆞ고宋에三世를大夫됨을惡ᄒᆞ니今光이死홈에子ㅣ다시右將軍이되고兄子ㅣ樞機를秉ᄒᆞ고昆弟諸壻ㅣ權勢를據ᄒᆞ야兵官에在ᄒᆞ야驕奢ᄒᆞ고放縱ᄒᆞ니맛당이써그權을損奪ᄒᆞ고陰謀를破散ᄒᆞ야써功臣의世를全케ᄒᆞ소셔또故事에모든上書ᄒᆞ는者ㅣ다二封을ᄒᆞ야그一을署ᄒᆞ야曰副라ᄒᆞ거든尙書를領ᄒᆞᆫ者ㅣ먼져副封을發ᄒᆞ야言ᄒᆞᆫ바이善치안으면屛去ᄒᆞ고奏치안터니相이다시許伯을因ᄒᆞ야白ᄒᆞ고副封을去ᄒᆞ야써壅蔽를防ᄒᆞᆫ대帝ㅣ善히여겨相에게詔ᄒᆞ야事中을給ᄒᆞ고다그議를從ᄒᆞ다

帝ㅣ興于閭閻ᄒᆞ야知民事之艱難이러니霍光이旣薨에始親政事ᄒᆞ야厲精爲治ᄒᆞᆯ셔五日에一聽事ᄒᆞ니自丞相以下로各奉職奏事ᄒᆞ야敷奏其言이어든考試功能ᄒᆞ고侍中尙書ㅣ功勞當遷과及有異善이어든

厚加賞賜ᄒᆞ야至于子孫히 王氏曰謂賞賜逮及子孫耳非謂侍中尙書至子孫不改易 終不改易ᄒᆞ니樞機周密ᄒᆞ고品式이備具ᄒᆞ야上下相安ᄒᆞ야莫有苟且之意러라 出本傳

帝ㅣ閭閻에興ᄒᆞ야民事의艱難을知ᄒᆞ더니霍光이임의薨ᄒᆞᆷ에비로소政事를親ᄒᆞ야精을厲ᄒᆞ야治를ᄒᆞᆯ시五日에한번식事를聽ᄒᆞ니丞相以下로브터각々職을奉ᄒᆞ고事를奏ᄒᆞ야그言을敷奏ᄒᆞ거든功能을考試ᄒᆞ고侍中尙書ㅣ功勞ㅣ맛당이遷ᄒᆞᆯ것과밋異善이有ᄒᆞ거든厚히賞賜를加ᄒᆞ야子孫에至ᄒᆞ기終토록改易치아니ᄒᆞ니樞機가周密ᄒᆞ고品式이備具ᄒᆞ야上下ㅣ相安ᄒᆞ야苟且의意가잇지안터라

及拜刺史守相에輒親見問ᄒᆞ야觀其所由ᄒᆞ고退而考察所行ᄒᆞ야以質其言ᄒᆞ야有名實이不相應이어든必知其所以然이러라常稱曰庶民所以安其田里而亡歎息愁恨之心者는政平訟理也니與我共此者는其惟良二千石乎ᆫ뎌 良循良也二千石謂郡守諸侯王相漢官儀云二千石俸月百二十斛又有眞二千石月百五十斛如淳曰律二千石俸月萬六千眞二千石月二萬按是二萬眞則是眞二千石也 以爲太守는吏民之本이라數變易則下不安ᄒᆞ고民知其將久ᄒᆞ면不可欺罔ᄒᆞ야乃服從其敎化故로二

千石이有治理效ㅣ면輒以璽書로勉勵ᄒᆞ야增秩賜金ᄒᆞ고或爵至關内侯가라公卿이缺則選諸所表ᄒᆞ야以次用之ᄒᆞ니 選用旹蒙增秩賜金進爵所旌表者 是故로漢世良吏ㅣ於是爲盛ᄒᆞ야稱中興焉이러라 出循吏傳

新增唐仲友曰時雖有循吏酷吏亦不少循吏只是數人皆緣宣帝德意薄故名歸良吏若文帝時豈可勝紀正如詩之風雅又曰緣帝長於民間故知民疾苦緣在民間故知官吏欺弊賞罰不明綜核名實信賞必罰緣知民間愁歎由吏不良故選良二千石

밋刺史守相을拜홈에문득親히見問ᄒᆞ야그由ᄒᆞᆫ바를觀ᄒᆞ고退ᄒᆞ야行ᄒᆞᄂᆞᆫ바를考察ᄒᆞ야써그言을質ᄒᆞ야名實이서로應치안커든반다시그써然ᄒᆞᆫ바를知ᄒᆞ더라일즉이稱ᄒᆞ야曰庶民이써그田里를安ᄒᆞ고歎息愁恨의心이亡ᄒᆞᆫ밧者ᄂᆞᆫ政이平ᄒᆞ고訟이理홈이니我로더브러此를共치ᄒᆞᆯ者ᄂᆞᆫ그오즉良二千石인뎌써ᄒᆞ되太守ᄂᆞᆫ吏民의本이라자주變易ᄒᆞᆫ즉下ㅣ安치못ᄒᆞ고民이그將久홈을知ᄒᆞ면可히欺罔치못ᄒᆞ야이에그敎化를服從ᄒᆞᆯ지라故로二千石이治理의效가잇스면문득璽書로써勉勵ᄒᆞ야秩을增ᄒᆞ고金을賜ᄒᆞ고혹爵이關内侯에至ᄒᆞ다가公卿이缺ᄒᆞᆫ則모든所表홈을選ᄒᆞ야次로써用ᄒᆞ니이런고로漢世의良吏이에盛ᄒᆞ야中興이라稱ᄒᆞ더라

(甲寅)三年이라春에詔曰有功不賞ᄒᆞ고有罪不誅면雖唐虞라도不

(勞來)勉其勤曰勞慰其至曰來

能以化天下라 今膠東相王成이 勞來不怠ᄒᆞ야 勞來並去聲謂慰勉而招延之 流民自占이 八萬餘口오 占去聲韻會載隱度戶口來附本業曰自占漢書註自隱度口數而着名籍也 治有異等之效ᄒᆞ니 其賜成爵關內侯ᄒᆞ고 秩中二千石ᄒᆞ라 中滿也漢制九卿已上秩一歲滿二千斛漢官儀云中二千石俸月百八十斛 未及徵用ᄒᆞ야 會病卒官이러니 後에 詔使丞相御史로 問郡國上計長史守丞以政令得失ᄒᆞᆫ대 王氏曰郡使守丞國使長史皆一物也故總言國上計長史守丞凡郡國皆掌治民常以春行所主縣勸民農桑振救乏絶秋冬遣無害吏案訊諸囚論課殿最歲盡遣詣京師主計上計者奉上戶口錢穀之數也上時掌反 或對言前膠東相成이 僞自增加ᄒᆞ야 以蒙顯賞이라ᄒᆞ니 其後에 俗吏ㅣ 多爲虛名云이러라 出成本傳

三年이라春에詔ᄒᆞ야曰功이잇고賞치아니ᄒᆞ며罪가잇고誅치아니ᄒᆞ면비록唐虞라도能히써天下를化치못ᄒᆞᆯ지라今에膠東相王成이勞來ᄒᆞᆷ를怠치아니ᄒᆞ야流民이스ᄉᆞ로占ᄒᆞᆷ이八萬餘口오治에異等의效가有ᄒᆞ니그成에게爵關內侯를賜ᄒᆞ고秩二千石을中ᄒᆞ라밋쳐徵用치못ᄒᆞ야맛ᄎᆞᆷ病ᄒᆞ야官에卒ᄒᆞ엿더니後에詔ᄒᆞ야丞相御史로ᄒᆞ야곰郡國上計長史守丞에써政令得失을問ᄒᆞᆫᄃᆡ或對ᄒᆞ야言ᄒᆞ되膠東相成이그짓ᄉᆞᄉᆞ로增加ᄒᆞ야써顯賞을蒙ᄒᆞ엿다ᄒᆞ니그後에俗吏ㅣ虛名이多ᄒᆞ다云ᄒᆞ더라

丞相韋賢이以老病으로乞骸骨이어ᄂᆞᆯ賜黃金百斤과安車駟馬ᄒᆞ야罷就第ᄒᆞ니丞相致仕ㅣ自賢始라以魏相으로爲丞相ᄒᆞ다 (出本傳)

丞相韋賢이老病으로써骸骨을乞ᄒᆞ거ᄂᆞᆯ黃金百斤과安車駟馬를賜ᄒᆞ야罷ᄒᆞ야第에就ᄒᆞ니丞相의致仕홈이賢으로브터始ᄒᆞ다魏相으로써丞相을삼다

霍氏驕侈縱橫이어ᄂᆞᆯ(縱子用反放縱也 橫胡孟反恣橫也) 上이頗聞霍氏ㅣ毒殺許后而未察이러니乃徙光諸壻ᄒᆞ야收其印綬ᄒᆞ고諸領羽林及兩宮衛將屯兵을悉易ᄒᆞ야以所親許史子弟로代之ᄒᆞ다 (出霍光傳)

霍氏ㅣ驕侈ᄒᆞ고縱橫ᄒᆞ거ᄂᆞᆯ上이자못霍氏가許后를毒殺홈을聞ᄒᆞ고察치못ᄒᆞ엿더니이에光의諸壻를徙ᄒᆞ야그印綬를收ᄒᆞ고諸領의羽林과밋兩宮衛將屯兵을다易ᄒᆞ야所親許史子弟로써代ᄒᆞ다

初에孝武之世에徵發이煩數ᄒᆞ니百姓이貧耗ᄒᆞ고窮民이犯法ᄒᆞ야姦軌不勝이라於是의使張湯趙禹之屬으로條定法令ᄒᆞᆯ서作見知故縱監臨部主之法ᄒᆞ야(人有犯法或見或知而不擧告爲故縱而所監臨部主亦有罪幷連坐也) 緩深故之罪ᄒᆞ고(時武帝欲急刑吏深害及故入人罪者寬緩之) 急縱出之誅ᄒᆞ니其後에姦猾이巧法ᄒᆞ야轉相比況ᄒᆞ야(比例也況譬疑也記)

王制篇疑獄比以成之註云己行故事曰比比音必利反 禁罔이寖密ᄒᆞ고律令이煩苛ᄒᆞ야文書ㅣ盈於几閣ᄒᆞ니
典者ㅣ不能偏睹라是以로郡國承用者ㅣ駁ᄒᆞ야或罪同而論
異ᄒᆞ고姦吏因緣爲市ᄒᆞ야王氏曰姦詐之吏旁緣弄法受財若市賈交易 所欲活則傅附音生議ᄒᆞ고所欲
陷則予死比ᄒᆞ니與死例相比況也 議者ㅣ咸寃傷之러다出刑法志

初에孝武의世에徵發이煩數ᄒᆞ니百姓이貧耗ᄒᆞ고窮民이犯法ᄒᆞ야姦軌를勝치못
ᄒᆞᆯ지라이에張湯과趙禹의屬으로하야곰法令을條定ᄒᆞᆯ식見知故縱監臨部主의法
을作ᄒᆞ야深故의罪를緩히ᄒᆞ고縱出의誅를急히ᄒᆞ니그後에姦猾이法을巧히ᄒᆞ야
轉ᄒᆞ야서로比況ᄒᆞ야禁罔이寖密ᄒᆞ고律令이煩苛ᄒᆞ야文書ㅣ几閣에盈ᄒᆞ니典者
ㅣ能히두루睹치못ᄒᆞᄂᆞᆫ지라是以로郡國承用者ㅣ駁ᄒᆞ야或罪가同ᄒᆞ되論이異ᄒᆞ
고姦吏ㅣ因緣ᄒᆞ야市를ᄒᆞ야活코져ᄒᆞᄂᆞᆫ바인則生議를傅ᄒᆞ고陷코져ᄒᆞᄂᆞᆫ바인則死
比를予ᄒᆞ니議ᄒᆞᄂᆞᆫ者ㅣ다寃ᄒᆞ고傷ᄒᆞ더라

廷尉史路溫舒ㅣ上書曰陛下ㅣ初登至尊ᄒᆞ시니宜改前世之
失ᄒᆞ시고正始受命之統ᄒᆞ사滌煩文除民疾ᄒᆞ야以應天意ᄒᆞ소서臣은聞
秦有十失에王氏曰十失謂一差文傳二好武勇三賤仁義四貴獄五罪誹謗六禁妖言七盛服先王不用於世八忠良切言皆鬱於胸九喜虛譽十蒙實禍 其一이尚

存ᄒᆞ니治獄之吏ㅣ是也라 夫獄者는 天下之大命也라 死者는不
可復生이오絕者는不可復屬이니 書에曰與其殺不辜로寧失不經
이라ᄒᆞ니今治獄吏則不然ᄒᆞ야上下ㅣ相敺ᄒᆞ야(敺與驅同) 以刻爲明ᄒᆞ니(王氏曰言上而朝廷下而郡縣
上而官長下而僚屬皆相敺迫以苛刻從事) 深者는獲公名ᄒᆞ고(王氏曰言深文者得奉公之名稱) 平者는多後患이라(王氏曰言持法
平者厥後反多患害) 故로 治獄之吏ㅣ皆欲人死는非憎人也라 自安之道ㅣ在
人之死ᄒᆞ니 太平之未治ㅣ凡以此也니이다 俗語에曰畫地爲獄이라도
議不入ᄒᆞ고(王氏曰言指畫地爲獄戶雖知非眞獄人且擬議而不願入也) 刻木爲吏라도期不對라ᄒᆞ니(王氏曰言彫刻木偶爲吏人雖識非眞吏且期
望而不對也路溫舒傳註期猶必也) 此는 皆疾吏之風이오 悲痛之辭也라 惟陛下는 省法制
寬刑罰則太平之風을可興於世ᄒᆞ리이다 上이善其言ᄒᆞ다 (出溫舒本傳)

廷尉史路溫舒ㅣ書를上ᄒᆞ야曰陛下ㅣ初로至尊에登ᄒᆞ시니맛당이前世의失을改
ᄒᆞ시고비로소命을受ᄒᆞᆫ統을正ᄒᆞ샤煩文을滌ᄒᆞ고民疾을除ᄒᆞ야써天意를應ᄒᆞᆫ소
셔臣은드르니秦에十失이有ᄒᆞᆷ에其一이오히려存ᄒᆞ니獄을治ᄒᆞ는吏ㅣ是이라무
릇獄이란者는天下의大命이라死ᄒᆞᆫ者는可히다시生치못ᄒᆞ고絕ᄒᆞᆫ者는可히다시

屬치못ᄒᆞᄂᆞ니書에曰그不辜를殺ᄒᆞᆷ으로더브러셔론차라리失ᄒᆞ야經치안ᄂᆞᆫ것이낫다ᄒᆞ니今에獄을治ᄒᆞᄂᆞᆫ吏ᅵᆫ則不然ᄒᆞ야上下ㅣ서로毆ᄒᆞ야刻으로써明을ᄒᆞ니深ᄒᆞᆫ者ᄂᆞᆫ公名을獲ᄒᆞ고平ᄒᆞᆫ者ᄂᆞᆫ後患이多ᄒᆞᆫ지라故로治獄의吏ㅣ다人이死코져ᄒᆞᆷ은人을憎ᄒᆞᆷ이아니라自安ᄒᆞᄂᆞᆫ道ㅣ人의死ᄒᆞᆷ에在ᄒᆞ니太平의治치못ᄒᆞᆷ이무릇此로써ᄒᆞᆷ이니다俗語에曰地를畫ᄒᆞ야獄을ᄒᆞ드라도入치안키를議ᄒᆞ고木을刻ᄒᆞ야吏를삼드라도對치안키를期ᄒᆞᆫ다ᄒᆞ니此ᄂᆞᆫ다吏를疾ᄒᆞᄂᆞᆫ風이오悲痛의辭ㅣ라오직陛下ᄂᆞᆫ法制를省ᄒᆞ고刑罰을寬히ᄒᆞ신즉太平의風을可히世에興ᄒᆞ리이다上이그言을善히여기다

**十二月**에**詔曰間者**에**吏**ㅣ**用法巧**ᄒᆞ고**文寖深**ᄒᆞ야**使不辜**로**蒙戮**ᄒᆞ니**朕甚傷之**ᄒᆞ노라**今遣廷史**ᄒᆞ야**與郡鞫獄**호ᄃᆡ(鞫音菊 推窮也)**任輕祿薄**ᄒᆞ니**其爲置廷尉平**ᄒᆞ야(漢書註平音疾 平其不平也)**秩六百石**ᄒᆞ고**員四人**ᄒᆞ야**其務平之**ᄒᆞ야**以稱朕意**ᄒᆞ라**於是**에**每季秋後**에**請讞**ᄒᆞ다(讞魚蹇反平議也讞魚列反議罪也用季秋議罪順時殺之氣也)**時**에**上**이**常幸宣室**ᄒᆞ야**齋居而決事**ᄒᆞ니**獄刑**을**號爲平矣**러라

十二月에詔ᄒᆞ야曰間者에吏ㅣ法을用ᄒᆞ기巧히ᄒᆞ고文이寖深ᄒᆞ야不辜로ᄒᆞ야곰戮을蒙ᄒᆞ니朕이심히傷ᄒᆞ노라今에廷史를遣ᄒᆞ야郡鞫獄을與호ᄃᆡ任이輕ᄒᆞ고祿

이薄ᄒᆞ니그廷尉平을置ᄒᆞ야秩을六百石으로ᄒᆞ고四人을員ᄒᆞ야그務을平히ᄒᆞ야써朕의意를稱ᄒᆞ라이에每季秋後에讞을請ᄒᆞ다時에上이상항宣室에幸ᄒᆞ야齋에居ᄒᆞ야事를決ᄒᆞ니獄刑을平ᄒᆞ다號ᄒᆞ더라

涿郡太守鄭昌이上疏言ᄒᆞ대今明主ㅣ躬垂明聽ᄒᆞ시니雖不置廷平이나獄將自正이어니와若開後嗣ㄴ된不若刪定律令이니律令이一定이면愚民이知所避ᄒᆞ고姦吏ㅣ無所弄矣리이다今不正其本而置廷平ᄒᆞ야以理其末ᄒᆞ니政衰聽怠則廷平이將招權而爲亂首矣리이다 出刑法志

涿郡太守鄭昌이疏를上ᄒᆞ야言ᄒᆞ되今에明主ㅣ躬으로明聽을垂ᄒᆞ시니비록廷平을置치안ᄏᆞ라도獄이장ᄎᆞᆺ스ᄉᆞ로正ᄒᆞ려니와만일後嗣를開ᄒᆞᆯ진ᄃᆡ律令을刪定ᄒᆞᆷ만갓지못ᄒᆞ니律令이한번定ᄒᆞ면愚民이避ᄒᆞᆯ바를知ᄒᆞ고姦吏ㅣ弄ᄒᆞᆯ바이無ᄒᆞ리이다今에그本을正치안코廷平을置ᄒᆞ야써그末을理ᄒᆞ니政이衰ᄒᆞ고聽이怠ᄒᆞ則廷平이장ᄎᆞᆺ權을招ᄒᆞ야亂首ㅣ되리이다

(乙卯)四年이라霍顯及禹山雲이自見日侵削ᄒᆞ고數相對啼泣ᄒᆞ야自怨ᄒᆞ야謀廢天子다가事ㅣ發覺ᄒᆞ야雲山은自殺ᄒᆞ고禹는要斬ᄒᆞ고顯及

(顯)光之妻 光子禹 兄孫雲 雲弟山

諸女昆弟는皆棄市ᄒᆞ고皇后霍氏는廢ᄒᆞ다

四年이라霍顯과밋禹山雲이스ᄉᆞ로日로侵削ᄒᆞᆷ을見ᄒᆞ고죠자셔로對ᄒᆞ야啼泣ᄒᆞ고自怨ᄒᆞ야天子를廢키謀ᄒᆞ다가事가發覺ᄒᆞ야雲山은自殺ᄒᆞ고禹는腰를斬ᄒᆞ고顯과밋諸女昆弟는다市에棄ᄒᆞ고皇后霍氏는廢ᄒᆞ다

初에霍氏奢侈ᄒᆞ니茂陵徐生이上疏言ᄒᆞ되宜以時抑制러니其後에霍氏誅滅而告者ㅣ皆封이어ᄂᆞᆯ(告霍氏反者皆封)人爲徐生上書(人謂當時有人也爲去聲助也徐生卽徐禮)曰臣은聞客有過主人者ㅣ見其竈ㅣ直突ᄒᆞ고(突陀沒反竈䆼也)傍有積薪ᄒᆞ고客謂主人ᄒᆞ되更爲曲突ᄒᆞ고(更平聲改也曲則不直而火勢慢也)遠徙其薪ᄒᆞ라不者면(爲句不俯九反猶言否則也)且有火患ᄒᆞ리라主人이不應이러니俄而오家果失火어ᄂᆞᆯ隣里ㅣ共救之ᄒᆞ야幸而得息이라於是에殺牛置酒ᄒᆞ고謝其鄰人ᄒᆞᆯ새灼爛者ㅣ在於上行ᄒᆞ고(行胡郞反行列也救火而被燒炙者坐於上列)餘各以功次坐而不錄言曲突者어ᄂᆞᆯ人謂主人曰鄕使聽客之言이런들(鄕音向下同)不費牛酒ᄒᆞ고終亡火患이어ᄂᆞᆯ(亡與無通)今論功而請賓에曲突徙薪은無恩澤ᄒᆞ고燋頭爛額이爲上客耶아

主人이乃瘖而請之ᄒᆞ니라(燋則消反 傷火也)今茂陵徐福이數上書言ᄒᆞ되霍氏
且有變ᄒᆞ니宜防絶之ᄒᆞ니라鄕使福說로得行則國無裂土出爵
之費ᄒᆞ고臣無逆亂誅滅之敗라往事는旣已어니와而福이獨不蒙
其功ᄒᆞ니唯陛下는察之ᄒᆞ샤貴徙薪曲突之策ᄒᆞ야使居焦髮灼爛
之右ᄒᆞ소셔上이乃賜福帛十匹ᄒᆞ고後遷爲郞ᄒᆞ다(出霍光傳百官表郞 掌守門戶出充車騎)

初에霍氏ㅣ奢侈ᄒᆞ거늘茂陵徐生이疏를上ᄒᆞ야言ᄒᆞ되써時에抑制홈이宜ᄒᆞ다ᄒᆞ
엿더니그後에霍氏ㅣ誅滅ᄒᆞ고告ᄒᆞᆫ者ㅣ皆封ᄒᆞ거늘人이徐生을爲ᄒᆞ야書를上ᄒᆞ
야曰臣은드르니客이主人에게過ᄒᆞᆫ者ㅣ有ᄒᆞ야셔그竈가直突이오傍에積ᄒᆞᆫ薪이
有홈을見ᄒᆞ고客이主人다려謂호ᄃᆡ다시曲突을ᄒᆞ고遠히그薪을徙ᄒᆞ라아니면ᄯᅩ
ᄒᆞᆫ火患이잇스리라主人이應치아니ᄒᆞ엿더니俄이오家가果연火를失ᄒᆞ거늘鄰里
ㅣ共히救ᄒᆞ야幸히息을得ᄒᆞᆫ지라이에牛를殺ᄒᆞ고酒를置ᄒᆞ고그隣人에게謝ᄒᆞᆯᄉᆡ
灼爛者ㅣ上行에在ᄒᆞ고餘는各々功次로써坐호ᄃᆡ曲突을言ᄒᆞᆫ者는錄치안커늘
人이主人다려謂ᄒᆞ야曰鄕에하야곰客의言을聽ᄒᆞ엿더면牛와酒를費치안코終에
火患이亡ᄒᆞ엿ᄀᆞ거늘今에功을論ᄒᆞ고賓을請홈에曲突徙薪ᄒᆞ라는이는恩澤이無
ᄒᆞ고燋頭ᄒᆞ고爛額ᄒᆞᆫ이가上客이되는가主人이이에瘖ᄒᆞ고請ᄒᆞ엿다ᄒᆞ니이제茂

陵徐福이자조書를上ᄒᆞ야言ᄒᆞ되霍氏또ᄒᆞᆫ變이有ᄒᆞᆯ지니宜히防絶ᄒᆞ라ᄒᆞ니鄕에福의說로ᄒᆞ야곰시러곰行ᄒᆞ엿든들곳國에土를裂ᄒᆞ고爵을出ᄒᆞᆯ費가無ᄒᆞ고臣에逆亂ᄒᆞ고誅滅ᄒᆞ는敗가無ᄒᆞ엿슬지니往事는임의말녀니와福이홀로그功을蒙치못ᄒᆞ엿스니오작陛下는察ᄒᆞ샤徙薪曲突의策을貴히ᄒᆞ야ᄒᆞ야곰焦髮灼爛의右에居케ᄒᆞ소서上이이에福에게帛十四을賜ᄒᆞ고後에遷ᄒᆞ야郞을삼다

**帝ㅣ初立에謁見高廟ᄒᆞᆯ서大將軍光이驂乘ᄒᆞ니上이內嚴憚之ᄒᆞ야若有芒刺在背ᄒᆞ고**(芒草耑也刺七賜反如棘刺其背)**後에車騎將軍張安世ㅣ代光驂乘ᄒᆞ니天子ㅣ從容肆體ᄒᆞ야甚安近焉이라**(從七恭反從容謂從任其容止不矜莊也肆體謂身體舒放也)**及光이身死而宗族이竟誅故로俗傳에霍氏之禍ㅣ萌於驂乘이라ᄒᆞ더라**(出光本傳)

帝ㅣ初에立ᄒᆞᆷ에高廟에謁見ᄒᆞᆯ서大將軍光이驂乘ᄒᆞ니上이內로嚴憚ᄒᆞ야芒刺가잇서背ㅣ在ᄒᆞᆫ갓고後에車騎將軍張安世ㅣ光을代ᄒᆞ야驂乘ᄒᆞ니天子ㅣ從容히體를肆ᄒᆞ야심히安近ᄒᆞᆫ지라밋光이身이死ᄒᆞ고宗族이맛침ᄂᆡ誅ᄒᆞᆫ고로俗傳에霍氏외禍가驂乘에서萌ᄒᆞ엿다ᄒᆞ더라

**北海太守朱邑이以治行第一로入爲大司農ᄒᆞ다**

北海太守朱邑이治行이第一됨으로써入ᄒᆞ야大司農이되다

渤海太守龔遂ㅣ入爲水衡都尉ᄒᆞ다 先是에 渤海左右郡이 歲飢ᄒᆞ야 盜賊이 並起ᄒᆞ니 二千石이 不能擒制어늘 上이 選能治者ᄒᆞᆯ서 丞相御史ㅣ擧遂어늘 上이 拜爲渤海太守ᄒᆞ고 召見問何以治渤海ᄒᆞ야 息其盜賊고 對曰海瀕이 瀕音頻 遐遠ᄒᆞ야 不霑聖化ᄒᆞ니 其民이 困於飢寒而吏不恤故로 使陛下赤子로 盜弄陛下之兵於潢池中耳니 今欲使臣
潢音黃潢池者泥汙行潦之水池也言如小兒戲弄兵器於潢池之中平之不難也唐宣宗時雞山羣盜起詔討之崔鉉曰此皆陛下赤子迫於飢寒盜弄兵於谿谷間不足辱大軍也亦倣此說
으로 勝之耶잇가 將安之也잇가

渤海太守龔遂ㅣ入ᄒᆞ야水衡都尉가되다먼저이에渤海左右郡이歲로飢ᄒᆞ야盜賊이並起ᄒᆞ니二千石이能히擒制치못ᄒᆞ거늘上이能히治ᄒᆞᆫ者를選ᄒᆞᆯ석丞相御史ㅣ遂를擧ᄒᆞ거늘上이拜ᄒᆞ야渤海太守를삼고召見ᄒᆞ고問ᄒᆞ되엇지써渤海를治ᄒᆞ야그盜賊을息ᄒᆞᆯ고對ᄒᆞ야曰海瀕이遐遠ᄒᆞ야聖化에霑치못ᄒᆞ엿ᄉᆞ니그民이飢寒에困ᄒᆞ야吏가恤치안ᄂᆞᆫ故로陛下의赤子로ᄒᆞ야곰陛下의兵을潢池中에盜弄ᄒᆞ게ᄒᆞᆷ이니이제臣으로ᄒᆞ야곰勝케ᄒᆞ고져ᄒᆞᄂᆞᆫ잇가將히安케ᄒᆞ릿가

上이 曰選用賢良은 固欲安之也ㅣ니라 遂ㅣ曰治亂民은 猶治亂

繩不可急也라 惟緩之然後에 可治니 臣은 願丞相御史ㅣ 且
無拘臣以文法ᄒᆞ고 得一切便宜從事ᄒᆞ노이다 上이 許焉ᄒᆞ고 加賜黃金
ᄒᆞ야 乘傳至渤海界ᄒᆞᆫ대 (傳張戀反) 郡이 聞新太守至ᄒᆞ고 發兵以迎이어늘 遂ㅣ 皆
遣還ᄒᆞ고 移書勅屬縣ᄒᆞ야 悉罷逐捕盜賊吏ᄒᆞ고 諸持鉏鉤田器者
는 (鉏將魚反鉤古侯反 鉏或作鋤鉤鎌也) 皆爲良民이니 吏毋得問이오 持兵者는 乃爲賊이라ᄒᆞ고 遂ㅣ
單車로 獨行至府ᄒᆞ니 盜賊이 聞遂敎令ᄒᆞ고 卽時解散ᄒᆞ야 棄其兵弩
而持鉤鉏ᄒᆞ니 於是에 悉平ᄒᆞ다

上이日賢良을選用홈은진실로安케ᄒᆞ고져홈이니라遂ㅣ曰亂民을治홈이亂繩을
治홈과如ᄒᆞ니可히急히ᄒᆞᆯ슈업ᄂᆞᆫ지라오작緩케ᄒᆞᆫ然後에可히治ᄒᆞᆯ지니臣은願컨
ᄃᆡ丞相御史ㅣᄯᅩᄒᆞᆫ臣을文法으로써拘치말고시러곰一切를便宜히從事ᄒᆞ겟노이
다上이許ᄒᆞ고더黃金을賜ᄒᆞ야傳을乘ᄒᆞ고渤海界에至ᄒᆞᆫᄃᆡ郡이新太守ㅣ至홈을
듯고兵을發ᄒᆞ야써迎ᄒᆞ거늘遂ㅣ다遣ᄒᆞ야還ᄒᆞ고書를移ᄒᆞ야屬縣에勅ᄒᆞ야다盜
賊逐捕ᄒᆞᄂᆞᆫ吏를罷ᄒᆞ고모다鉏鉤田器를持ᄒᆞᆫ者ᄂᆞᆫ다良民이되니吏ㅣ시러곰問치
말고兵을持ᄒᆞᆫ者ᄂᆞᆫ이에賊이라ᄒᆞ고遂ㅣ單車로獨行ᄒᆞ야府에至ᄒᆞ니盜賊이遂의

敎令을聞ᄒᆞ고即時解散ᄒᆞ야그兵弩를棄ᄒᆞ고鉤鉏를持ᄒᆞ니이에다平ᄒᆞ다

遂ㅣ乃開倉廩ᄒᆞ야假貧民ᄒᆞ고選用良吏ᄒᆞ야慰安牧養焉ᄒᆞ라遂ㅣ見齊俗이奢侈ᄒᆞ야好末技不田作ᄒᆞ고乃躬率以儉約ᄒᆞ야勸民農桑ᄒᆞ고民有帶持刀劒者어든使賣劒買牛ᄒᆞ고賣刀買犢曰何爲帶牛佩犢고勞來循行ᄒᆞ니郡中이皆有畜積ᄒᆞ고獄訟이止息이러라(出遂本傳)

遂ㅣ이에倉廩을開ᄒᆞ야貧民에게假ᄒᆞ고良吏를選用ᄒᆞ야慰安ᄒᆞ고牧養ᄒᆞ다遂ㅣ齊俗이奢侈ᄒᆞ야末技를好ᄒᆞ고田作을아니홈을見ᄒᆞ고이에몸소率ᄒᆞ야써儉約ᄒᆞ야民에게農桑을勸ᄒᆞ고民이刀劍을帶持ᄒᆞᆫ者ㅣ有ᄒᆞ거든하여곰劍을賣ᄒᆞ야牛를買ᄒᆞ고刀를賣ᄒᆞ야犢을買ᄒᆞ게ᄒᆞ야曰엇지ᄒᆞ야牛를帶ᄒᆞ고犢을佩ᄒᆞᄂᆞᆫ고勞來ᄒᆞ야循行ᄒᆞ니郡中이다蓄積이有ᄒᆞ고獄訟이止息ᄒᆞ더라

(丙辰)元康元年이라趙廣漢이好用世吏子孫新進年少者ᄒᆞ니專厲彊壯蠭氣ᄒᆞ야(蠭讀如鋒言鋒銳之氣難犯也)見事風生ᄒᆞ야(言其見事疾速不可當也)無所回避ᄒᆞ야(言不畏避也)率多果敢之計ᄒᆞ야莫爲持難이라終以此敗ᄒᆞ니라廣漢이以私怨으로論殺男子榮畜이어늘(榮畜人姓名也)人이上書言之ᄒᆞᆫ대事下丞相御史ᄒᆞ야按

(夫人殺侍婢)侍婢有罪自殺廣漢疑夫人妬殺之

驗이러니廣漢이疑丞相夫人이殺侍婢ᄒᆞ야欲以此로脅丞相ᄒᆞ니帝ㅣ惡之ᄒᆞ야下廣漢廷尉ᄒᆞ니吏民이守闕號泣者ㅣ數萬人이라(守去聲詣也)或言臣生無益縣官ᄒᆞ니願代趙京兆死ᄒᆞ야使牧養小民이라ᄒᆞ노다廣漢이竟坐要斬ᄒᆞ다廣漢이爲京兆尹ᄒᆞ야廉明ᄒᆞ야威制豪彊ᄒᆞ니小民이得職이라百姓이追思歌之러라(出廣漢本傳)

元康元年이라趙廣漢이世吏子孫의新進年少ᄒᆞᆫ者를好用ᄒᆞ니專혀彊壯鋒氣ᄒᆞᆷ을厲ᄒᆞ야事를見ᄒᆞ고風이生ᄒᆞ야回避ᄒᆞᆯ바이無ᄒᆞ야率히果敢의計가多ᄒᆞ야難을持ᄒᆞ지못ᄒᆞ는지라終에此로써敗ᄒᆞ니라廣漢이私怨으로써論ᄒᆞ야男子榮畜을殺ᄒᆞ거늘人이書를上ᄒᆞ야言ᄒᆞᄃᆡ事를丞相御史에게下ᄒᆞ야按驗케ᄒᆞ엿더니廣漢이丞相夫人이侍婢殺ᄒᆞᆷ을疑ᄒᆞ야此로써丞相을脅코져ᄒᆞ니帝ㅣ惡ᄒᆞ야廣漢을廷尉애下ᄒᆞ니吏民이闕을守ᄒᆞ고號泣ᄒᆞ는者ㅣ數万人이라或言ᄒᆞᄃᆡ臣이生ᄒᆞ야縣官에益이無ᄒᆞ니願컨ᄃᆡ趙京兆를代ᄒᆞ야死ᄒᆞ야하야곰小民을牧養ᄒᆞ게노이다廣漢이맛ᄎᆞᆷ니腰斬에坐ᄒᆞ다廣漢이京兆尹이되여廉ᄒᆞ고明ᄒᆞ야威로豪彊을制ᄒᆞ니小民이職을得ᄒᆞᆫ지라百姓이追思ᄒᆞ야歌ᄒᆞ더라

上이選博士諫大夫通政事者ᄒᆞ야補郡國守相ᄒᆞᆯ서以蕭望之로

爲平原太守ᄒᆞ니 望之ㅣ上疏曰陛下ㅣ哀愍百姓ᄒᆞ사 恐德化之不究ᄒᆞ야 悉出諫官ᄒᆞ야 以補郡吏ᄒᆞ시니 朝無爭臣則不知過ᄒᆞ나니 所謂憂其末而忘其本者也ㅣ로소이다 上이 乃徵望之ᄒᆞ야 入守少府ᄒᆞ다 (出本傳)

上이博士諫大夫通政事者를選ᄒᆞ야郡國守相을補ᄒᆞᆯ시蕭望之로써平原太守를合은디望之ㅣ疏를上ᄒᆞ야曰陛下ㅣ百姓을哀愍ᄒᆞ샤德化의究치못ᄒᆞᆷ을恐ᄒᆞ야다諫官을出ᄒᆞ야써郡吏를補ᄒᆞ시니朝에爭臣이無ᄒᆞᆫ則過를知치못ᄒᆞᄂᆞ니일운바그末을憂ᄒᆞ고그本을忘ᄒᆞᆫ者ㅣ로소이다上이이에望之를徵ᄒᆞ야入ᄒᆞ야少府를守케ᄒᆞ다

東海太守尹翁歸ㅣ以治郡高第로 入爲右扶風ᄒᆞ다 (入內地作扶風郡太守也) 翁歸의爲人이 公廉明察ᄒᆞ야 郡中吏民賢不肖及奸邪罪名을盡知之ᄒᆞ야 各有記籍ᄒᆞ야 披籍取人ᄒᆞ야 以一警百ᄒᆞ니 吏民이 皆服恐懼ᄒᆞ고 改行自新이러라 其爲扶風에 選用廉平疾奸邪ᄒᆞ야 以爲右職ᄒᆞ야 (漢法地道尊右故高職曰右職) 接待以禮ᄒᆞ야 好惡相同之ᄒᆞ고 其負翁歸에 罰亦必行이니

然이나溫良謙退ᄒᆞ야不以行能驕人故로得名譽於朝廷이러라 出本傳

東海太守尹翁歸ㅣ治郡ᄒᆞᆷ이高第로써入ᄒᆞ야右扶風이되다翁歸의人되미公廉明察ᄒᆞ야郡中吏民의賢不肖와밋奸邪罪名을다知ᄒᆞ야각々記籍이잇서籍을披ᄒᆞ야人을取ᄒᆞ야一로써百을警ᄒᆞ니吏民이다服ᄒᆞ고恐懼ᄒᆞ야改行ᄒᆞ야스스로新히ᄒᆞ더라그扶風이될의廉平ᄒᆞ고疾奸ᄒᆞᄂᆞᆫ吏를選用ᄒᆞ야써右職을숨어接待를禮로써ᄒᆞ야好惡를서로同히ᄒᆞ고그翁歸를負ᄒᆞᆷ에罰을또반다시行ᄒᆞ나然이나溫良ᄒᆞ고謙退ᄒᆞ야써能을行ᄒᆞ고人을驕치안ᄂᆞᆫ故로名譽를朝廷에得ᄒᆞ엿더라

馮奉世ㅣ使西域이러니會에莎車王弟呼屠徵이自立爲王ᄒᆞ야畔漢이어늘奉世ㅣ遂以節로發諸國兵ᄒᆞ야擊斬之ᄒᆞᆫ대上이甚悅ᄒᆞ야議封奉世어늘蕭望之ㅣ曰奉世ㅣ矯制發兵ᄒᆞ야要功萬里之外ᄒᆞ야爲國家生事於夷狄ᄒᆞ니漸不可長이라奉世ㅣ不宜受封이니이다上이善望之議ᄒᆞ야以奉世로爲光祿大夫ᄒᆞ다 出望之傳

馮奉世ㅣ西域에使ᄒᆞ엿더니會에莎車王의弟呼屠徵이스스로立ᄒᆞ야王이되여漢을畔ᄒᆞ거ᄂᆞᆯ奉世ㅣ드ᄃᆡ여節로써諸國兵을發ᄒᆞ야擊ᄒᆞ야斬ᄒᆞᆫᄃᆡ上이심히悅ᄒᆞ야奉世를封키議ᄒᆞ거ᄂᆞᆯ蕭望之ㅣ曰奉世ㅣ制를矯ᄒᆞ고兵을發ᄒᆞ야功을万里의外에

要ᄒᆞ야國家를爲ᄒᆞ야事를夷狄에게生ᄒᆞ니漸이可히長치못ᄒᆞᆯ지니奉世ㅣ封을受ᄒᆞᆷ이宜치아ᄂᆞ니이다上이望之의議를善히ᄒᆞ야奉世로써光祿大夫를삼다

(丁巳)二年이라上이與趙充國等으로議欲因匈奴衰弱ᄒᆞ야出兵擊其右地ᄒᆞ야使不敢復擾西域이어ᄂᆞᆯ魏相이上書諫曰救亂誅暴를謂之義兵이니兵義者ᄂᆞᆫ王ᄒᆞ고敵加於己ᄒᆞ야不得已而起者를謂之應兵이니兵應者ᄂᆞᆫ勝ᄒᆞ고爭恨小故ᄒᆞ야不忍憤怒者를謂之忿兵이니兵忿者ᄂᆞᆫ敗ᄒᆞ고利人土地貨寶者를謂之貪兵이니兵貪者ᄂᆞᆫ破ᄒᆞ고特國家之大ᄒᆞ고矜民人之衆ᄒᆞ야欲見威於敵者를(見音現顯示之也)謂之驕兵이니兵驕者ᄂᆞᆫ滅이라間者에匈奴ㅣ未有犯於邊境이어ᄂᆞᆯ今聞欲興兵ᄒᆞ야入其地ᄒᆞ니臣愚ᄂᆞᆫ不知此兵이何名者也ㅣ니이다今年에計子弟殺父兄妻殺夫者ᄒᆞ니凡二百二十二人이라臣愚ᄂᆞᆫ以爲此非小變也ㅣ라ᄒᆞ노이다今左右ㅣ不憂此ᄒᆞ고乃欲發兵ᄒᆞ야報纖介之忿於遠夷ᄒᆞ니殆孔子所謂吾恐季孫之憂ㅣ不在顓臾而在蕭墻之

內也ㅣ니이다顓臾魯附庸國季氏恐爲子孫憂欲伐之孔子說所憂者不在彼而在此言恐內變將作也其後家臣陽虎果囚季桓子鄭氏曰蕭之言肅也墻屛也人臣至此加肅敬焉 上이從

相言ᄒᆞ다出魏相傳

新增胡氏曰魏相此疏止無名之師弭連兵之禍恐傷陰陽之和以生蕭墻之憂眞經國之遠猷宰相之能事其尤可服者不隱風俗薄惡子弟殺父兄妻殺夫之變宜以告君則賢者或猶以爲難也人之常情喜聞美事而惡聞災禍姦臣事君凡天地變異夷狄盜賊危亡之形一切隱諱不以實告而草妖木恠雲物霏動悉指爲祥瑞以眩君心非惟慰悅爲忠因以自見輔佐之應前右一律其視魏相爲如何焉風俗薄惡宰相之責也而相不欺嗚呼賢矣哉

二年이라上이趙充國等으로더브러議ᄒᆞ야匈奴의衰弱홈을因ᄒᆞ야兵을出ᄒᆞ야그右地를擊ᄒᆞ야하여곰敢히다시西域을擾치못ᄒᆞ게ᄒᆞ고져ᄒᆞ거늘魏相이書를上ᄒᆞ야諫ᄒᆞ여曰亂을救ᄒᆞ고暴를誅홈을義兵이라謂ᄒᆞᄂᆞ니兵이義ᄒᆞᆫ者ᄂᆞᆫ王ᄒᆞ고敵이己에加ᄒᆞ야不得已ᄒᆞ야起ᄒᆞᆫ者를謂ᄒᆞ되應兵이니兵이應ᄒᆞᆫ者ᄂᆞᆫ勝ᄒᆞ고小故를爭恨ᄒᆞ야憤怒를忍치못ᄒᆞᄂᆞᆫ者를謂ᄒᆞ되忿兵이니兵이忿ᄒᆞᆫ者ᄂᆞᆫ敗ᄒᆞ고人의土地와貨寶를利ᄒᆞᄂᆞᆫ者를謂ᄒᆞ되貪兵이니兵이貪ᄒᆞᄂᆞᆫ者ᄂᆞᆫ破ᄒᆞ고國家의大홈을恃ᄒᆞ며民人의衆을矜ᄒᆞ야威를敵에게見코져ᄒᆞᄂᆞᆫ者를謂ᄒᆞ되驕兵이니兵이驕ᄒᆞᆫ者ᄂᆞᆫ滅ᄒᆞᄂᆞᆫ지라間者에匈奴ㅣ邊境에犯홈이有치안커늘今에聞ᄒᆞ니兵을興ᄒᆞ야그地에入코져ᄒᆞ니臣愚ᄂᆞᆫ此兵이무슨名인者를知치못ᄒᆞ겟ᄂᆞ이다今年에子弟ㅣ父兄을殺ᄒᆞ며妻가夫를殺ᄒᆞᆫ者를計ᄒᆞ니무릇二百二十二人이라臣愚ᄂᆞᆫ써ᄒᆞ되此가小變이아니라ᄒᆞ노이다今에左右ㅣ此를憂치안코이에兵을發ᄒᆞ야纖介의忿을遠夷에게報코져ᄒᆞ니자못孔子의謂ᄒᆞᆫ바吾ㅣ恐컨ᄃᆡ季孫의憂ㅣ顓臾에在치안코蕭墻

의內에잇다ᄒᆞ노이다上이相의言을從ᄒᆞ다

魏相이 好觀漢故事及便宜章奏ᄒᆞ야 句絕 數條漢興已來로 國家
便宜行事와 數條屬此句數音朔頻也凡言條者一一而疏擧之若木條焉 及賢臣賈誼鼂錯董仲舒等所
言ᄒᆞ야 奏請施行之ᄒᆞ고 相이 敕掾吏ᄒᆞ야 按事郡國及休告ᄒᆞ고 休謂之名吉曰告凶曰寧師古
曰古者名吏休暇曰告謂請休耳 從家還至府ᄒᆞ야 輒白四方異聞ᄒᆞ니 或有逆賊風雨災
變이어든 郡이 未上이어든 相이 輒奏言之ᄒᆞ고 與御史大夫丙吉로 同心輔
政ᄒᆞ니 上이 皆重之러라 出相本傳

魏相이漢의故事와밋便宜章奏를觀키好ᄒᆞ야자조漢興以來로國家의便宜行事와
밋賢臣賈誼鼂錯董仲舒等의言ᄒᆞᆫ바를條ᄒᆞ야奏請ᄒᆞ야施行ᄒᆞ고相이掾吏에敕ᄒᆞ
야郡國과밋休告를按事ᄒᆞ고家로從ᄒᆞ야還ᄒᆞ야府에至ᄒᆞ야문득四方의異聞을白
ᄒᆞ니혹逆賊과風雨와災變이有호대郡이上치못ᄒᆞ면相이믄득奏ᄒᆞ야言ᄒᆞ고御史
大夫丙吉로더브러心을同히ᄒᆞ고政을輔ᄒᆞ니上이다重히여기더라

丙吉의 爲人이 深厚不伐善ᄒᆞ야 自曾孫遭遇로 王氏曰宣帝武帝之曾孫也征和二年遭巫蠱事繫獄時丙吉治獄
武帝以獄中有天子氣遣使欲殺之丙吉閉門不納獲免故云遭遇 吉이 絕口不道前恩이러니 會에 掖庭宮婢ㅣ自

陳嘗有阿保之功호고 有阿依保護之恩 辭引使者丙吉知狀호대 知狀句絶謂丙吉知此情狀 上이
親見問然後에 知吉이 有舊恩而終不言호고 上이 大賢之러라
新增胡氏曰淺夫薄子於人主嘗微犬馬之力羈紲之奉尙欲因緣攀附以希富貴若誠有
素分鮮不曉曉自明惟恐祿之不及也此曹遇魯朱家猶不足充役其視丙吉爲何如人哉
丙吉의 人됨이 深厚호고 善을 伐치아니호야 曾孫이 遭遇홈으로브터 吉이 口를 絶호
고 前恩을 道치아니호엿더니 會에 掖庭宮婢ㅣ 스스로 일죽이 阿保의 功이 有홈을 陳
호고 使者를 辭引호야 丙吉이 狀을 知혼다 호되 上이 親히 見호고 問혼 然後에 吉이 舊
恩이 有호되 終히 言치아님을 知호고 上이 大히 賢호더라
帝ㅣ 以蕭望之ㅣ 經明持重호고 論議有餘로 材任宰相이라호야 欲詳
試其政事호야 復以爲左馮翊호니 作左馮翊郡太守 望之ㅣ 從少府出호야 爲左
遷이라 諸侯王表左官之律韋昭以爲左猶下也漢法地道尊右故謂貶秩爲左遷 恐有不合意호야 卽稱病이어늘 上이 聞之호고
使侍中金安世로 諭意曰 所用이 皆更에 治民以考功이니 君이 前
爲平原太守日淺故로 復試之於三輔오 非有所聞也니라 望之
ㅣ 卽起視事호다

帝ㅣ蕭望之ㅣ經明持重ᄒᆞ고論議有餘ᄒᆞᆷ으로써材ㅣ宰相을任ᄒᆞᆯ만ᄒᆞ다ᄒᆞ야詳히
그政事를試코져ᄒᆞ야다시써左馮翊을ᄉᆞᆷ으니望之ㅣ少府로從ᄒᆞ야出ᄒᆞ야左遷이
된지라意에不合ᄒᆞᆷ이잇ᄉᆞᆯ가恐ᄒᆞ야곳病을稱ᄒᆞ거ᄂᆞᆯ上이聞ᄒᆞ고侍中金安世로하
야곰意를論ᄒᆞ야日所用이다更ᄒᆞᆷ에民을治ᄒᆞ야써功을考ᄒᆞᆯ지니君이前에平原太
守됨이日이淺ᄒᆞᆫ고로다시三輔에試ᄒᆞᆷ이오聞ᄒᆞᆫ바이有ᄒᆞᆷ은아이니라望之ㅣ곳起
ᄒᆞ야事를視ᄒᆞ다

(戊午)三年이라張安世ㅣ以爲父子ㅣ封侯ᄒᆞ니在位大盛이라ᄒᆞ야乃辭
祿이어ᄂᆞᆯ詔都內別藏ᄒᆞ니張氏無名錢이以百萬數ㅣ라安世ㅣ謹愼
周密ᄒᆞ고每定大政ᄒᆞ야已決에輒移病出이라가聞有詔令ᄒᆞ고乃驚ᄒᆞ야使
吏之丞相府問焉ᄒᆞ니自朝廷大臣으로莫知其與議也ㅣ러라嘗有所
薦이러니其人이來謝ㅣ어ᄂᆞᆯ安世ㅣ大恨ᄒᆞ야以爲擧賢達能에豈有私謝
邪아ᄒᆞ고絶弗復與通이러라有郞이功高不調ᄒᆞ야自言安世ㅣ어ᄂᆞᆯ安世ㅣ
應曰君之功高ᄂᆞᆫ明主所知ㅣ라人臣執事를何長短而自言乎
ㅣ리요絶不許러니己而오郞이果遷ᄒᆞ다

三年이라張安世ㅣ써ᄒᆞ되父子ㅣ侯를封ᄒᆞ니位에在ᄒᆞᆷ이크게盛ᄒᆞ다ᄒᆞ야이에祿을辭ᄒᆞ거늘都內別藏에게詔ᄒᆞ니張氏의無名錢이百萬으로써數ᄒᆞ더라安世ㅣ謹愼ᄒᆞ고周密ᄒᆞ야每양大政을定ᄒᆞ고임의決ᄒᆞᆷ에믄득病을移ᄒᆞ고出ᄒᆞ다가詔令이有ᄒᆞᆷ을듯고이에놀나吏로하야곰丞相府에之ᄒᆞ야問ᄒᆞ니朝廷大臣으로브터그與議ᄒᆞᆷ을知치못ᄒᆞ더라일쯕薦ᄒᆞᆫ바이有ᄒᆞ더니그ᄉᆞ룸이來ᄒᆞ야謝ᄒᆞ거늘安世ㅣ크게恨ᄒᆞ야써ᄒᆞ되賢을擧ᄒᆞ고能을達ᄒᆞᆷ에읏지私謝가有ᄒᆞ랴ᄒᆞ고絶코다시더브러通치안터라郞이有ᄒᆞ야功이高ᄒᆞ되調치못ᄒᆞ야ᄉᆞᄉᆞ로安世에게言ᄒᆞ거늘安世ㅣ應ᄒᆞ야日君의功이高ᄒᆞᆷ은明主의知ᄒᆞ시ᄂᆞᆫ비라人臣의執事를何히長短으로自言ᄒᆞ리오絶코許치아니ᄒᆞ엿더니己而오郞이과연遷ᄒᆞ다

皇太子ㅣ年十二에通論語孝經이어늘太傅疏廣이謂少傅受曰吾ㅣ聞知足不辱ᄒᆞ고知止不殆라ᄒᆞ니今仕官이至二千石ᄒᆞ야官成名立ᄒᆞ니如此不去면懼有後悔라ᄒᆞ고卽日에父子ㅣ俱移病ᄒᆞ고上疏乞骸骨ᄒᆞᆫ대上이皆許之ᄒᆞ고加賜黃金二十斤ᄒᆞ고皇太子ㅣ贈五十斤ᄒᆞ다公卿故人이設祖道供張東都門外ᄒᆞ니 張竹亮反五輕要義曰祖道行祭爲道路祈也師古曰黃帝子名累祖好

遠遊而死於道故後人以爲行神出行者祭之因饗飮焉左傳祖而舍軷飮酒於其側曰餞重始有事於其道也朱子語錄云祖道之祭作一土堆置犬羊其上祭畢而以車碾從上過象行者險阻之患如周禮祀郊是也 供居恭反供張謂供具張設也

送者ㅣ車ㅣ數百兩이라 道路觀者ㅣ皆曰賢哉라 二大夫여ᄒᆞ고 或歎息爲之下泣이러라

皇太子ㅣ年이十二에論語와孝經을通ᄒᆞ거늘太傅疏廣이少傅受다려일너曰吾ㅣ聞ᄒᆞ니足을知ᄒᆞ면辱치안코止를知ᄒᆞ면殆치안는다ᄒᆞ니今에仕宦이二千石에至ᄒᆞ야官을成ᄒᆞ고名을立ᄒᆞ니이갓고去치아니ᄒᆞ면後悔가有ᄒᆞᆯ가두렵다ᄒᆞ고即日에父子ㅣ俱히病을移ᄒᆞ고跡를上ᄒᆞ야骸骨을乞ᄒᆞ거늘上이다許ᄒᆞ야더黃金二十斤을賜ᄒᆞ고皇太子ㅣ五十斤을贈ᄒᆞ다公卿과故人이祖道를設ᄒᆞ야東都門外에供張ᄒᆞ니送ᄒᆞ는者ㅣ車가數百兩이라道路에셔觀ᄒᆞ는者ㅣ다갈오ᄃᆡ賢ᄒᆞ다二大夫여ᄒᆞ고或歎息ᄒᆞ야爲ᄒᆞ야泣을下ᄒᆞ더라

廣受ㅣ歸鄕里ᄒᆞ야 賣金請族人故舊賓客ᄒᆞ야 與相娛樂이러니 或이勸廣ᄒᆞ야 以其金으로爲子孫ᄒᆞ야 頗立產業者어늘 廣이曰吾豈老誖ᄒᆞ야(誖悖) 不念子孫哉아(內反) 顧自有舊田廬ᄒᆞ니 令子孫으로 勤力其中이면 足以共衣食ᄒᆞ야 與凡人齊니 今復增益之ᄒᆞ야 以爲贏餘면(贏音盈餘也) 但教子

孫怠惰耳라 賢而多財則損其志ᄒᆞ고 愚而多財則益其過ᄒᆞᄂᆞ
且富者는 衆之怨也라 吾旣無以教化子孫ᄒᆞ니 不欲益其過而
生怨이로라 又此金者는 聖主所以惠養老臣故로 樂與鄕黨宗
族ᄒᆞ야 共饗其賜ᄒᆞ야 以盡吾餘日이 不亦可乎아 於是에 族人이 悅
服이러라 出疏廣傳

新增氏曰以官成名立爲榮而求免於危辱此非君子之高致而疏廣甘以自居何也曰此廣所以加人數等而古今未之知也太子年旣十二其姿質志趣已可槪見觀其親政之年二十七而猶不省召致廷尉爲下獄以至再屈師傅於牢獄而卒殺之則其憒憒有素疏廣瞯之已熟知其不可扶持而教詔也審矣是以決意去之觀其語曰不去懼有後悔則其微意可見矣易曰君子見幾而作疏廣有焉

廣과受ㅣ鄕里에歸ᄒᆞ야金을賣ᄒᆞ야族人과故舊賓客을請ᄒᆞ야더브러서로娛樂ᄒᆞ
더니或이廣을勸ᄒᆞ야그金으로써子孫을爲ᄒᆞ야자못產業을立ᄒᆞ라ᄒᆞᄂᆞᆫ者ㅣ잇거
ᄂᆞᆯ廣이曰吾ㅣ웃지老誖ᄒᆞ야子孫을念치아니ᄒᆞ라顧컨ᄃᆡ스ᄉᆞ로舊田廬가有ᄒᆞ니
子孫으로ᄒᆞ야곰그中에勤力ᄒᆞ면足히써衣食을共ᄒᆞ야凡人으로더브러齊ᄒᆞ리니
今에다시더益ᄒᆞ야써贏餘를ᄒᆞ면但히子孫을敎ᄒᆞ야怠惰케홈이라賢ᄒᆞ고財가多
ᄒᆞᆫ則그志를損ᄒᆞ고愚ᄒᆞ고財가多ᄒᆞᆫ則그過를더ᄒᆞᄂᆞ니또富란者ᄂᆞᆫ衆의怨이라吾
ㅣ임의써子孫을敎化치못ᄒᆞ얏스니그過ᄂᆞᆯ益ᄒᆞ야怨을生케ᄒᆞ고져아니ᄒᆞ노라또

이金인者ᄂᆞᆫ聖主ㅣ옵셔써老臣에게惠養ᄒᆞ신바인고로鄕黨宗族으로더브러樂ᄒᆞ
야共히그賜ᄒᆞ심을饗ᄒᆞ야써吾의餘日을盡ᄒᆞᆷ이또ᄒᆞᆫ可치아니ᄒᆞ랴이에族人이悅服
ᄒᆞ더라

潁川太守黃霸ㅣ力行教化而後에誅罰ᄒᆞ야務在成就全安
之러니長吏許丞이老病聾이어늘督郵ㅣ白欲逐之ᄒᆞᆫ대霸ㅣ曰許丞은
廉吏라雖老나尚能拜起送迎ᄒᆞ니重聽이何傷이리오或이問其故ᄒᆞᆫ대霸
曰數易長吏면送故迎新之費와及姦吏因緣絕簿書盜財
物ᄒᆞ야(姦欺之吏因交代之際棄匿簿書盜去官物)公私費耗ㅣ甚多ᄒᆞ니皆出於民ᄒᆞ고所易新吏ㅣ
又未必賢이라或不如其故면徒相益為亂이니凡治道ᄂᆞᆫ去其泰
甚者耳니라霸以外寬內明으로得吏民心ᄒᆞ니戶口ㅣ歲增ᄒᆞ야治為天
下第一이라徵守京兆尹ᄒᆞ다(本傳出)

潁川太守黃霸ㅣ教化를力行ᄒᆞᆫ後에誅罰ᄒᆞ야務가成就全安ᄒᆞᆷ에在ᄒᆞ더니長吏許
丞이老ᄒᆞ야病ᄒᆞ고聾ᄒᆞ거늘督郵ㅣ白ᄒᆞ야逐코져ᄒᆞᆫ대霸ㅣ曰許丞은廉吏라비록
老ᄒᆞ엿스나尚히능히拜起ᄒᆞ고送迎ᄒᆞ니重聽ᄒᆞᆷ이무엇이傷ᄒᆞ료或이그故를問ᄒᆞᆫ

대霸ㅣ曰자丞長吏를易ᄒᆞ면送故迎新의費와밋姦吏ㅣ因緣ᄒᆞ야簿書를絶ᄒᆞ고財物을盜ᄒᆞ야公私費耗ㅣ甚히多ᄒᆞ니다民에게셔出ᄒᆞ고易ᄒᆞᆫ바新吏ㅣᄯᅩ반다시賢ᄒᆞᆯ지모ᄅᆞᆯ지라혹그故만不如ᄒᆞ면ᄒᆞᆫ갓서로더亂이될지니무릇治道ᄂᆞᆫ그泰甚ᄒᆞᆫ者ᄅᆞᆯ去ᄒᆞᆯ거시니라霸ㅣ外寬ᄒᆞ고內明ᄒᆞᆷ으로ᄡᅥ吏民의心을得ᄒᆞ니戶口ㅣ歲로增ᄒᆞ야治가天下第一이된지라徵ᄒᆞ야京兆尹을守ᄒᆞ다

(庚申)神爵元年이라(前年神爵集長樂宮故今改元 神爵神爵大如鷃爵色有五彩) 春正月에 上이始行幸甘泉ᄒᆞ야郊泰畤ᄒᆞ고(音止 祭處曰畤) 幸河東ᄒᆞ야祠后土ᄒᆞ야頗脩武帝故事ᄒᆞ야謹齋祀之禮ᄒᆞ고以方士言으로增置神祠ᄒᆞ다(此句文不同) 聞益州에有金馬碧鷄之神ᄒᆞ야可醮祭而致라ᄒᆞ고(金形如馬碧形似鷄其神之祠在益州金馬坊杜甫詩云時出碧鷄坊西郊向草堂) 於是에遣諫大夫蜀郡王褒ᄒᆞ야使持節求之ᄒᆞ다(出郊祀志)

新增尹氏曰祠祀神仙武帝之過擧也孝宣中興胡爲踵而行之然郊泰畤祠后土猶有可諉者至遣諫大夫而求金馬碧鷄之神則求非所求失尤甚矣

神爵元年이라春正月에上이비로소甘泉에行幸ᄒᆞ야泰畤에郊ᄒᆞ고河東에幸ᄒᆞ야后土에祠ᄒᆞ야자못武帝의故事를脩ᄒᆞ야齋祀의禮를謹히ᄒᆞ고方士의言으로ᄡᅥ神祠를增置ᄒᆞ다益州에金馬碧鷄의神이有ᄒᆞ야可히醮祭ᄒᆞ야致ᄒᆞᆫ다ᄒᆞᆷ을聞ᄒᆞ고이에諫大夫蜀郡王褒를遣ᄒᆞ야하야곰節을持ᄒᆞ고求케ᄒᆞ다

(碧鷄)石之靑美者

離與羅同

初에上이聞褒有俊才ᄒᆞ고召見使爲聖主得賢臣頌ᄒᆞ니其辭에曰
夫賢者ᄂᆞᆫ國家之器用也라故로君人者ᄂᆞᆫ勤於求賢而逸於
得人ᄒᆞᄂᆞ니昔에賢者之未遭遇也에圖事揆策則君不用其謀ᄒᆞ고
陳見悃誠(悃苦本反)則上不然其信이라是故로伊尹은勤於鼎俎ᄒᆞ고太
公은困於鼓刀ᄒᆞ고百里ᄂᆞᆫ自鬻ᄒᆞ고甯子ᄂᆞᆫ飯牛ᄒᆞ야離此患也러니及其
遇明君遭聖主也ᄒᆞ야ᄂᆞᆫ運籌合上意ᄒᆞ고諫諍卽見聽ᄒᆞ고進退에得
關其忠ᄒᆞ며任職得行其術故로世必有聖知之君而後에有賢
明之臣故로虎嘯而風冽(冽音列寒也)ᄒᆞ고龍興而致雲ᄒᆞ고蟋蟀은俟秋唫(古吟字喩賢人待明君而仕也詩傳曰蟋蟀似蝗而小一名促織九月在堂故曰俟秋唫)ᄒᆞ고蜉蝤ᄂᆞᆫ出以陰ᄒᆞᄂᆞ니(蜉蝤音浮油蝤通作蝣詩傳曰蜉蝣翼似蛣蜣爾雅云蜉蝣出有時故曰出以陰)

初에上이褒ㅣ俊才잇슴을聞ᄒᆞ고召ᄒᆞ야見ᄒᆞ고ᄒᆞ여곰聖主ㅣ賢을得ᄒᆞᆫ頌을ᄒᆞ게
ᄒᆞ니그辭에曰무릇賢者ᄂᆞᆫ國家의器用이라故로君人인者ᄂᆞᆫ求賢ᄒᆞᆷ에勤ᄒᆞ고得人
ᄒᆞᆷ에逸ᄒᆞᄂᆞ니昔에賢者가遭遇치못ᄒᆞᆷ에事를圖ᄒᆞ고策을揆ᄒᆞᆫ則君이그謀를用치
안코見을陳ᄒᆞ고誠을悃ᄒᆞᆫ則上이그信을然치안ᄂᆞᆫ지라故로伊伊은鼎俎에勤ᄒᆞ고

太公은鼓刀에困ᄒᆞ고百里는스ᄉᆞ로鬻ᄒᆞ고甯子는牛를飯ᄒᆞ야此患에離ᄒᆞ엿더니
그明君을遇ᄒᆞ고聖主를遭ᄒᆞᆷ에及ᄒᆞ얀籌를運ᄒᆞᆷ에上意에合ᄒᆞ고諫諍을곳聽ᄒᆞᆷ을
見ᄒᆞ고進退에시러곰그忠을關ᄒᆞ고職을任ᄒᆞᆷ에시러곰그術을行ᄒᆞ는고로世에반
다시聖知의君이有ᄒᆞᆫ後에賢明의臣이有ᄒᆞᆫ지라故로虎가嘯ᄒᆞᆷ에風이洌ᄒᆞ고龍이
興ᄒᆞᆷ에雲을致ᄒᆞ고蟋蟀은秋를俟ᄒᆞ야唫ᄒᆞ고蜉蝣는陰으로써出ᄒᆞᄂᆞ니

易에曰飛龍在天에利見大人이라ᄒᆞ고詩에曰思皇多士ㅣ生此王
國이라ᄒᆞ니故로世平主聖이면俊艾ㅣ(音乂)將自至ᄒᆞ야明明在朝ᄒᆞ고穆穆布
列ᄒᆞ야聚精會神ᄒᆞ야相得益章이면雖伯牙ㅣ操遞鍾ᄒᆞ고逢門子ㅣ彎
烏號라도猶未足以喩其意也라故로聖主는必待賢臣ᄒᆞ야而弘功
業ᄒᆞ고俊士도亦俟明王ᄒᆞ야以顯其德ᄒᆞᄂᆞ니上下俱欲ᄒᆞ야驩然交欣
이면翼乎如鴻毛ㅣ遇順風ᄒᆞ고沛乎如巨魚ㅣ縱大壑ᄒᆞ야休徵이自
至ᄒᆞ고(休徵美行之驗也)壽考ㅣ無疆ᄒᆞ리니何必偃仰屈伸을若彭祖ᄒᆞ고(彭祖姓錢名鏗至殷商之時己
七百餘歲王以爲大夫稱疾不與政)呴噓呼吸을如喬松哉아(許于反喬謂王喬松謂赤松子皆古仙人也列仙傳云赤松子神農時爲雨師服水土能入火自燒至崑
山上常止西王母石室隨風雨上下炎帝少女追之亦得仙俱去王喬周靈王太子晋也喬好吹笙作鳳鳴遇浮丘公接之去仙)是時에上이頗好神僊故로

(思皇)思語辭皇美也
(遞鍾)遞音支琴名鍾音忠樂器也

褒對及之러라 (出王褒傳)

易에曰飛龍이天에在홈에大人에見홈이利ᄒᆞ다ᄒᆞ고詩에曰皇ᄒᆞᆫ多士ㅣ이王國에生ᄒᆞᆫ다ᄒᆞ니故로世가平ᄒᆞ고主가聖ᄒᆞ면俊艾ㅣ장ᄎᆞᆺ스ᄉᆞ로至ᄒᆞ야明々홈이朝에在ᄒᆞ고穆々홈이布列ᄒᆞ야精을聚ᄒᆞ고神을會ᄒᆞ야서로得ᄒᆞ야더옥章ᄒᆞ면비록伯牙ㅣ遞鍾을操ᄒᆞ며逢門子ㅣ烏號를彎ᄒᆞ드라도오히려足히써그意를喩치못ᄒᆞᆯ저라故로聖主는반다시賢臣을待ᄒᆞ야功業을弘히ᄒᆞ고俊士도ᄯᅩ明王를俟ᄒᆞ야써그德을顯ᄒᆞᄂᆞ니上下ㅣ한가지欲ᄒᆞ야驩然히交ᄒᆞ야欣ᄒᆞ면翼홈이여鴻毛ㅣ順風을遇홈갓고沛홈이여巨魚ㅣ大壑에縱홈갓하야休徵이스ᄉᆞ로至ᄒᆞ고壽考ㅣ彊홈이無ᄒᆞ리니웃지반다시偃仰屈伸을彭祖와갓치ᄒᆞ며呴噓呼吸을喬松과갓치ᄒᆞ리잇가이ᄯᅴ에上이자못神仙을好ᄒᆞᄂᆞᆫ故로褒의對ㅣ及ᄒᆞ더라

京兆丑張敞이亦上疏諫曰願明主는時忘車馬之好ᄒᆞ시고斥遠方士之虛語ᄒᆞ시며游心帝王之術이면太平을庶幾可興也리이다

上이由是로悉罷尙方待詔ᄒᆞ다 (出郊祀志)

京兆尹張敞이ᄯᅩ疏를上ᄒᆞ야諫ᄒᆞ야曰원컨ᄃᆡ明主는時로車馬의好홈을忘ᄒᆞ시고方士의虛語를斥遠ᄒᆞ시며帝王의術에游心ᄒᆞ시면太平을거의可히興ᄒᆞ리이다上

이是로由ᄒᆞ야다尙方待詔를罷ᄒᆞ다

初에趙廣漢이死後에爲京兆尹者ㅣ皆不稱職이되惟敞이能繼其迹ᄒᆞ나其方略耳目은不及廣漢이나然이나頗以經術儒雅로文之出本傳이라

初에趙廣漢이死ᄒᆞᆫ後에京兆尹된者다職을稱치못ᄒᆞ되오즉敞이能히그迹을繼ᄒᆞ니그方略과耳目은廣漢에及지못ᄒᆞ나然이나자못經術儒雅로써文ᄒᆞ더라

上이頗脩飾宮室車服ᄒᆞ야盛於昭帝時ᄒᆞ고外戚許史王氏ㅣ貴寵이어늘王吉이上疏曰陛下ㅣ躬聖質總萬方ᄒᆞ샤惟思世務ᄒᆞ야將與太平ᄒᆞ시니詔書每下에民이欣然若更生ᄒᆞ니臣은伏而思之ᄒᆞ니可謂至恩이오未可謂本務也라欲治之主는不世出ᄒᆞ니公卿이幸得遭遇其時ᄒᆞ야言聽諫從이나然이나未有建萬世之長策ᄒᆞ야擧明主於三代之隆也오其務ㅣ在於期會簿書와(期會猶程限也簿書即簿籍文書也)斷獄聽訟而已니此非太平之基也ㅣ니다臣은願陛下ㅣ承天心發大

業하야與公卿大臣으로延及儒生히述舊禮明王制하야敺一世之民하야躋之仁壽之域이면則俗何以不若成康이며(按史記周紀成康之際俗有士君子之行天下安寧刑措四十餘年不用)壽何以不若高宗이리잇고(按通鑑外紀武丁殷之賢王也號爲高宗在位五十有九年而崩註不具壽年)上이以其言으로爲迂闊이라하야不甚寵異也하니吉이謝病歸하다(出吉本傳)

上이자못宮室과車服을脩飾하야昭帝時보다盛히하고外戚許史王氏ㅣ貴寵하거늘王吉이疏를上하야曰陛下ㅣ聖質을躬하야萬方을總하사오쟉世務를思하야將히太平을興하시니詔書ㅣ매양下함에民이欣然하야更生함갓치하나니臣은伏하야思호니可히至恩이라謂하겟고可히本務이라謂치못할지라治코저하는主는世로出치안나니公卿이幸히시러곰그時를遭遇하야言을聽하고諫을從하나然이나萬世의長策을建하야明主를三代의隆에奉하리有치안코그務ㅣ期會簿書와斷獄聽訟함에在할ᄯᆞ름이니太平의基가아니니이다臣은願컨대陛下는天心을承하고大業을發하야公卿大臣으로延하야儒生에及하기舊禮를述하고王制를明하야一世의民을敺하야仁壽의域에躋하면곳俗이읏지써成康갓지아니하며壽가읏지써高지갓지안으리잇고上이그言으로써迂闊하다하야甚히寵異치아니하니吉이病을謝하고歸하다

先零이(音憐羌種名) 與諸羌으로 劫略小種ᄒᆞ야 皆畔이어늘 時에 趙充國이 年이 七
十餘라 上이 老之ᄒᆞ야 使丙吉로 問誰可將者오 充國이 對曰無踰
於老臣者矣니이다 復問將軍이 度羌虜何如며 當用幾人고 充國
이 曰兵難遙度(度計料也 侍洛反)ᄒᆞ니 願至金城ᄒᆞ야 圖上方略ᄒᆞ리이다 乃大發兵ᄒᆞ야
詣金城ᄒᆞ다 充國이 常以遠斥堠로 爲務ᄒᆞ고 行必爲戰備ᄒᆞ며 止必堅
營壁ᄒᆞ고 尤能持重愛士卒ᄒᆞ야 先計而後戰이러라 遂西至西部都
尉府ᄒᆞ야 日饗軍士ᄒᆞ니 士皆欲爲用ᄒᆞ고 虜數挑戰호ᄃᆡ 充國이 欲以威
信으로 招降罕幵(罕羌旱反 幵口堅反 罕俗作罕 幵音牽 皆西羌種 漢武滅之 置罕幵縣 屬天水郡) 及劫略者ᄒᆞ야 解散虜謀ᄒᆞ고
徼(徼工堯反)其疲劇ᄒᆞ야 乃擊之러니 酒泉太守辛武賢이 奏以七月로 出
兵擊罕幵이어늘 充國이 以爲先零이 首爲畔逆ᄒᆞ니 先誅先零已則
罕幵之屬은 不煩兵而服矣리이다 璽書報從充國計焉이러니 後에
罕幵은 竟不煩兵而下ᄒᆞ다

(斥堠)斥度堠望ㅣ也所以撿伺行險阻候盜賊也

先零이諸羌으로더브러小種을劫略ᄒᆞ야다畔ᄒᆞ거ᄂᆞᆯ時에趙充國이年이七十餘라
上이老히여겨丙吉로ᄒᆞ야곰問호대誰가可히將ᄒᆞᆯ者인고充國이對ᄒᆞ야日老臣보
마踰ᄒᆞ리가업ᄂᆞ이다다시뭇되將軍이羌虜를何如ᄒᆞ다度ᄒᆞ며맛당이幾人을用ᄒᆞᆯ
고充國이日兵은遙度키難ᄒᆞ니願컨ᄃᆡ金城에至ᄒᆞ야方畧을圖上ᄒᆞ리이다이에크
게兵을發ᄒᆞ야金城에詣ᄒᆞ다充國이常히斥堠를遠히ᄒᆞᆷ으로써務를ᄒᆞ고行ᄒᆞᆷ에반
마시戰備를ᄒᆞ며止ᄒᆞᆷ에반다시營壁을堅히ᄒᆞ고더욱能히重을持ᄒᆞ고士卒을愛ᄒᆞ
야先히計ᄒᆞ고後에戰ᄒᆞ더라드듸여西으로西部都尉府에至ᄒᆞ야日로軍士를饗ᄒᆞ
니士ㅣ다用ᄒᆞ고져ᄒᆞ더라虜ㅣ자조戰를挑호ᄃᆡ充國이威信으로써罕开과밋劫畧
者를招降ᄒᆞ야虜의謀를解散ᄒᆞ고그疲劇을徼ᄒᆞ야이에擊코져ᄒᆞ엿더니酒泉太守
辛武賢이七月로써兵을出ᄒᆞ야罕开을擊ᄒᆞ게다奏ᄒᆞ거ᄂᆞᆯ充國이써ᄒᆞ되先零이首
로畔逆을ᄒᆞ엿스니먼져先零을誅ᄒᆞ야말면곳罕开의屬은兵을煩치안코服ᄒᆞ리이
다璽書ㅣ告ᄒᆞ야充國의計를從ᄒᆞ엿더니後에罕开은맛ᄎᆞᆷᄂᆡ兵을煩치안코下ᄒᆞ다

上이詔進擊先零ᄒᆞ니時에羌降者ㅣ萬餘人矣라充國이度其必
壞ᄒᆞ고欲罷騎兵屯田ᄒᆞ야以待其弊러니作奏未上에會得進兵璽
書ᄒᆞ니充國子ㅣ使客으로諫令出兵이어늘充國이歎日本用吾言이런덜
羌虜ㅣ得至是아耶往者金城湟中에穀斛八錢이라吾謂耿中

丞호딕 糴三百萬斛穀이면 謂司農中丞耿壽昌也 羌人이 不敢動矣라호딕 耿中丞이 請糴百萬斛호야 乃得四十萬斛耳니라 義渠ㅣ 再使에 且費其半호니 失此二策호야 羌人이 故敢爲逆이로다

上이 詔호야 先零을 進擊호라호니 時에 羌이 降호者ㅣ 萬餘人이라 充國이 그 반다시 壞홀줄 度호고 騎兵屯田을 罷호야 써 그 敝를 待코져호더니 奏를 作호야 上치 못호야 會에 進兵璽書를 得호니 充國의 子ㅣ 客으로호야 곰 諫호야 하야곰 兵을 出호라호거늘 充國이 歎曰 本히 吾의 言을 用호엿던들 羌虜ㅣ 시러곰 是에 至호엿스랴 往者에 金城湟中에 穀이 斛에 八錢이라 吾ㅣ 耿中丞에게 謂호대 三百萬斛穀을 糴호면 羌人이 敢히 動치아 느리라호대 耿中丞이 百萬斛을 請糴호야 이에 四十萬斛을 得호엿더니 義渠ㅣ 두번 使홈에 또 그 半을 費호니 이 二策을 失호야 羌人이 짐짓 敢히 逆호는도다

遂上屯田奏曰 臣의 所將吏士馬牛食所用糧穀茭藁ㅣ 茭肴居反藁古者反 調度甚廣호나 徭役不息이면 恐生它變이오 且茭은 易以計破오 難用兵碎也라 故로 臣愚는 以爲擊之不便이라호노이다 計道臨羌으로 按地志金城有臨羌縣 東至浩亹히 浩音告亹音門水出塞外東至允吾入湟水浩水名亹者水流峽山間兩岸深若門焉俗呼閤門疾言訛轉耳 羌虜故田及公

田을 民所未墾이 可二千頃以上이니 臣은 願罷騎兵ᄒᆞ고 留步兵萬

二百八十一人ᄒᆞ야 分屯要害處ᄒᆞ야(爲句) 浚溝渠ᄒᆞ고(爲句) 人二十畮면(爲句謂人出營田也)

省大費ᄒᆞ리이다 帝ㅣ 報曰 卽如將軍計면 虜ㅣ 當何時伏誅오 熟計

復奏ᄒᆞ라

드대여 屯田의 奏를 上ᄒᆞ야 曰 臣이 將ᄒᆞᆫ바 吏士馬牛食에 用ᄒᆞᆫ바 糧穀蒭藁ㅣ 調度ㅣ 심히 廣ᄒᆞ니 徭役이 息치 아니ᄒᆞ면 他變이 生ᄒᆞᆯ가 恐ᄒᆞᆷ이오 또 羌은 計로써 破키는 易ᄒᆞ고 兵을 用ᄒᆞ야 碎키는 難ᄒᆞᆫ지라 고로 臣愚는 써ᄒᆞ되 擊ᄒᆞᆷ이 不便ᄒᆞ다ᄒᆞ노이다 臨羌으로 東으로 浩亹에 至ᄒᆞ기 羌虜故田과 밋 公田을 民의 墾치 못ᄒᆞᆫ바를 計度ᄒᆞ니 可히 二千頃以上이니 臣은 願컨ᄃᆡ 騎兵을 罷ᄒᆞ고 步兵萬二百八十一人을 留ᄒᆞ야 要害處에 分屯ᄒᆞ야 溝渠를 浚ᄒᆞ고 人이 二十畮를 ᄒᆞ면 大費를 省ᄒᆞ리이다 帝ㅣ 報ᄒᆞ야 曰 곳 將軍의 計 갓ᄒᆞ면 虜ㅣ 맛당이 何時에 伏誅ᄒᆞᆯ고 熟히 計ᄒᆞ야 다시 奏ᄒᆞ라

充國이 上狀曰 臣은 聞帝王之兵은 以全取勝이라 是以로 貴謀而

賤戰ᄒᆞᄂᆞ니 百戰而百勝이라도 非計之善者也라 故로 先爲不可勝

ᄒᆞ야 以待敵之可勝이라ᄒᆞ고 謹條不出兵留田便宜十二事ᄒᆞ노이다 奏每

(屯田)屯兵而田

上에輒下公卿ᄒᆞ니議臣이初에是充國計者ㅣ什에三이오中은什에五오最後는什에八이라有詔詰前言不便者ᄒᆞ니皆頓首服이러라魏相이曰臣愚는不習兵事利害어니와後將軍이數畫軍策에其言이常是ᄒᆞ니臣은任其計면可必用也ㅣ라ᄒᆞ노이다上이於是에報充國嘉納之ᄒᆞ고留屯田ᄒᆞ다

充國이狀을上ᄒᆞ야曰臣은드르니帝王의兵은全으로써勝을取ᄒᆞᄂᆞᆫ지라이로써謀를貴히ᄒᆞ고戰을賤히ᄒᆞᄂᆞ니百번戰ᄒᆞ야百번勝ᄒᆞ드라도計의善ᄒᆞᆫ者ㅣ아니라고로먼져不可勝을ᄒᆞ야써敵의可勝을待ᄒᆞᆫ다ᄒᆞ고謹히不出兵ᄒᆞ고留田便宜十二事를條ᄒᆞ노이다奏을每양上ᄒᆞᆷ에문득公卿에게下ᄒᆞ니議臣이初에充國의計를是라ᄒᆞᆫ者ㅣ什에三이오中은什에五오最後ᄂᆞᆫ什에八이라詔ㅣ有ᄒᆞ야前言不便ᄒᆞᆫ者를詰ᄒᆞ니다首를頓ᄒᆞ고服ᄒᆞ더라魏相이曰臣愚ᄂᆞᆫ兵事의利害를習치못ᄒᆞ엿거니와後將軍이자조軍策을畫ᄒᆞᆷ에그言이常해是ᄒᆞ니臣은그計를任ᄒᆞ면可히반다시用ᄒᆞᆯ지라ᄒᆞ노이다上이이에充國에報ᄒᆞ야嘉納ᄒᆞ고留ᄒᆞ야屯田케ᄒᆞ다

詳密註釋通鑑諺解卷之四 終

詳密註釋 通鑑諺解 卷之四

重版 印刷●2001年 1月 10日
重版 發行●2001年 1月 15日

校 閱●明文堂編輯部

發行者●金 東 求

發行處●明 文 堂
서울특별시 종로구 안국동 17~8
대체 010041-31-001194
전화 (영) 733-3039, 734-4798
(편) 733-4748
FAX 734-9209
등록 1977. 11. 19. 제1~148호



값 6,000원
ISBN 89-7270-637-X 94910
ISBN 89-7270-049-5(전15권)

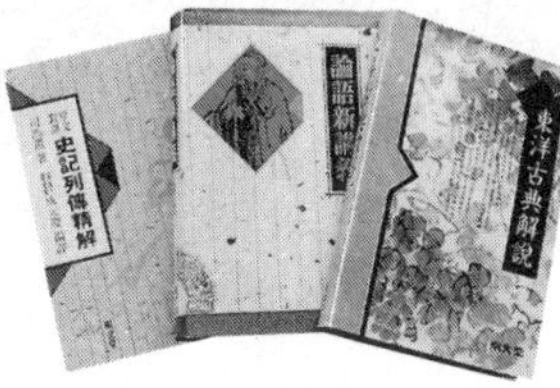

**東洋古典解說**
李民樹 著/신국판 양장

**論語新講義**
金星元 譯著/신국판 양장

原文對譯 **史記列傳精解**
司馬遷 著/成元慶 編譯/신국판

공자의 생애와 사상의 올바른 이해
**공자의 생애와 사상**
金學主 著/신국판

노자와 도가사상의 현대적 해석
**노자와 도가사상**
金學主 著/신국판

**梁啓超**
毛以亨 著/宋恒龍 譯/신국판

**동양인의 哲學的 思考와 그 삶의 세계**
宋恒龍 著/신국판

임어당의 신앙과 사상의 여정
**東西洋의 사상과 종교를 찾아서**
林語堂 著 · 金學主 譯/신국판

**老莊의 哲學思想**
金星元 編著/신국판

**合本 四書三經**
**동양 고전의 精髓!**
이 책은 오랜 각고의 세월을 거쳐 대학 · 중용 · 논어 · 맹자의 四書와 더불어 서경 · 시경 · 주역의 三經을 그 眞髓만을 모아 엮었다.
原文의 정확함은 물론 난해한 語句는 註를 달아 풀이 하였다.
白鐵 監修/4 · 6배판 양장

천하일색 양귀비의 생애
小說 **揚貴妃**
井上靖 著/安吉煥 譯

自然의 흐름에 거역하지 말라
장자의 에센스 **莊子**
安吉煥 編譯

仁과 中庸이 멀리에만 있는 것이드냐
**孔子傳**
김전원 編著

백성을 섬기기가 그토록 어렵더냐
**孟子傳**
安吉煥 編著

영원한 신선들의 이야기
**神仙傳**
葛洪稚川 著/李民樹 譯

한 권으로 읽는
**東洋古典 41選**
안길환 편저

**白樂天詩研究**
金在乘 著/신국판

**中國現代詩研究**
許世旭 著/신국판 양장

**中國人이 쓴 文學槪論**
王夢鷗 著/李章佑 譯/신국판 양장

**中國詩學**
劉若愚 著/李章佑 譯/신국판 양장

**中國의 文學理論**
劉若愚 著/李章佑 譯/신국판 양장

小說 **孫子**
鄭麟永 著/文熙奭 解

小說 **칭기즈칸**
李文熙 著/高炳翊 解

小說 **孔子**
宋炳洙 著/李相殷 解

小說 **老子**
安東林 著/具本明 解

**戰國策**
김전원 編著

**宋名臣言行綠**
鄭鉉祐 編著

**人間孔子**
행동으로 지팡이를 삼고
말씀으로 그림자를 삼고
李長之 著/김전원 譯